W0374308

KARIN BAISSAC

MES RECETTES CRÉATIVES

au fil des saisons

mercileslivres

SOMMAIRE

PRINTEMPS

PLATS SALÉS

Flan de petits pois au chèvre frais et menthe fraîche — 09
Rillettes de lapin — 11
Petits pâtés de Pâques — 13
Tartelettes de carottes a l'orientale — 15

PLATS SUCRÉS

Charlotte aux framboises — 17
Compotée de rhubarbe, fraises et fromage blanc — 19
Financiers à la framboise — 21
Fraisier — 23
Gâteau de Savoie — 25
Gelée de fraise à la menthe et chantilly au mascarpone — 27
Letter cake — 29
Macarons — 31
Panna cotta à la fraise — 33
Pavlova aux fraises — 35
Riz au lait à la verveine et compotée de fraises — 37
Roulé à la confiture de fraises maison — 39
Sablés Linzer à la framboise — 41
Scones — 43
Soupe de fraise au basilic — 45
Tarte au citron meringuée — 47

HIVER

PLATS SALÉS

Bœuf à la bière et au pain d'épices — 135
Gravlax de saumon à l'aneth — 137
Panna cotta au chou-fleur et au saumon — 139
Rillettes aux deux saumons — 141
Terrine de foie gras aux pommes et épices de Noël— 143
Pain aux flocons d'avoine — 145

PLATS SUCRÉS

Mousse de fromage frais et sucre aux épices— 147
Brioches suédoises à la cardamome et cannelle — 149
Galette des Rois — 151
Sablés aux épices — 153
Carrot cake — 155
Chocolat chaud et guimauves à la fleur d'oranger — 157
Brioche aux épices de Noël — 159
Bûche aux pistaches et framboises — 161
Fudje au chocolat, amandes, noisettes et pistaches — 163
Gâteau aux clémentines et cardamome — 165
Mannele de la Saint-Nicolas — 167
Pain d'épices — 169
Sablés de Noël — 171
Vanille Kipferl — 173

PRINTEMPS

PLATS SALÉS

Flan de petits pois au chèvre frais et menthe fraîche — 09
Rillettes de lapin — 11
Petits pâtés de Pâques — 13
Tartelettes de carottes a l'orientale — 15

PLATS SUCRÉS

Charlotte aux framboises — 17
Compotée de rhubarbe, fraises et fromage blanc — 19
Financiers à la framboise — 21
Fraisier — 23
Gâteau de Savoie — 25
Gelée de fraise à la menthe et chantilly au mascarpone — 27
Letter cake — 29
Macarons — 31
Panna cotta à la fraise — 33
Pavlova aux fraises — 35
Riz au lait à la verveine et compotée de fraises — 37
Roulé à la confiture de fraises maison — 39
Sablés Linzer à la framboise — 41
Scones — 43
Soupe de fraise au basilic — 45
Tarte au citron meringuée — 47

FLAN
DE PETITS POIS

au chèvre frais et menthe fraîche

INGRÉDIENTS

Pour le flan
500 g de petits pois frais ou surgelés
200 g de chèvre frais
2 œufs entiers
1 jaune d'œuf
2 cuil. à soupe d'huile d'olive
1 gousse d'ail
12 feuilles de menthe fraîche
Sel, poivre
Cumin

Pour la vinaigrette
4 cuil. à soupe d'huile d'olive
2 cuil. à soupe de jus de citron
6 feuilles de menthe fraîche
Sel, poivre

Pour l'accompagnement
Roquette
Chèvre frais
Lardons
Croûtons de pain

USTENSILES

Mixeur
Ramequins ou petits moules

Préchauffez d'abord le four à 180 °C.

Commencez par écosser les petits pois.

Faites-les cuire dans de l'eau bouillante salée pendant 5 min après la reprise du frémissement. Égouttez et mettez dans un bol d'eau très froide avec quelques glaçons pour figer la couleur. Égouttez-les et réservez-en 100 g.

Dans un mixeur, mettez les petits pois, les 3 œufs, le chèvre frais, les feuilles de menthe lavées et séchées, l'ail épluché et dégermé, l'huile d'olive, le cumin, le sel, le poivre et mixez le tout en fine purée.

Beurrez des moules individuels ou ramequins, versez la préparation et faites cuire au bain-marie pendant 30 min.

Pour la vinaigrette : lavez, séchez et ciselez finement les feuilles de menthe. Préparez une vinaigrette en émulsionnant l'huile, le jus de citron, le sel et le poivre. Ajoutez la menthe ciselée et réservez.

Sortez les flans du four et laissez-les refroidir. Réservez au réfrigérateur jusqu'au lendemain ou mangez-les tièdes le jour même. Démoulez les flans et disposez-les sur une assiette, avec une salade de roquette, les petits pois préalablement réservés, quelques lardons grillés, des quenelles de chèvre frais et des croûtons de pain revenus dans l'huile d'olive, accompagnés de la vinaigrette à la menthe.

POUR **6** PERSONNES

PRÉPARATION
30 minutes

CUISSON
35 minutes

REPOS
12 heures

FLAN DE PETITS POIS

RILLETTES

de lapin

INGRÉDIENTS

1 lapin de 1,4 kg
150 g de lard gras haché
1 oignon
1 carotte
1 branche de céleri
50 cl de vin blanc sec
2 brins de romarin
2 feuilles de laurier
1 branche de thym
2 gousses d'ail
Saindoux
Sel, poivre

USTENSILES

Cocotte en fonte
Terrine de 18 cm

Coupez ou faites découper le lapin en morceaux par votre boucher. Coupez ensuite le lard gras en petits morceaux ou demandez également à votre boucher de le hacher.

Pelez l'oignon et hachez-le finement. Épluchez la carotte et coupez-la en quatre morceaux. Détaillez le céleri en tronçons. Épluchez l'ail, dégermez-le et coupez-le en quatre.

Dans une cocotte en fonte, faites fondre le lard gras à feu doux. Mettez à dorer les morceaux de lapin. Ajoutez les feuilles de laurier, le romarin, le thym, les gousses d'ail, la carotte, le céleri, l'oignon. Salez, poivrez. Mélangez et mouillez avec le vin. À ébullition, couvrez et laissez cuire 4 h à feu doux.

Laissez refroidir, à l'aide d'un petit couteau, désossez les morceaux de lapin. Faites attention à ne pas laisser de petits os. Émiettez la chair de lapin à la fourchette, assaisonnez de nouveau à votre convenance. Répartissez le lapin dans une terrine, tassez bien.

Faites chauffer un peu de saindoux et versez-le sur les rillettes, elles se conserveront ainsi 10 jours au réfrigérateur.

POUR **8** PERSONNES

PRÉPARATION
45 minutes

CUISSON
4 heures

REPOS
1 heure

PETITS PÂTÉS
de Pâques

INGRÉDIENTS

2 pâtes feuilletées rectangulaires ou 800 g de pâte feuilletée
400 g de chair à saucisse
400 g de veau haché
6 œufs de caille
1 œuf
1 gousse d'ail
2 échalotes
5 cl de cognac
Ciboulette
2 pincées de 4 épices
Poivre du moulin
Sel
1 jaune d'œuf

USTENSILES

Moule à muffins en métal
Cul-de-poule
Emporte-pièce

Commencez par préchauffer le four à 180 °C.

Portez à ébullition une casserole d'eau additionnée de 1 cuil. à café de vinaigre.

Plongez-y les 6 œufs de caille, cuisez-les pendant 5 min. Rafraîchissez-les sous l'eau froide immédiatement après la cuisson et laissez refroidir. Écalez les œufs et réservez.

Épluchez et hachez finement les échalotes et l'ail.

Ciselez la ciboulette.

Dans un cul-de-poule, mélangez les viandes, les échalotes, la ciboulette, l'ail, l'œuf pour la farce, le cognac, les 4 épices, le sel et le poivre du moulin. Assaisonnez bien.

Déroulez la pâte feuilletée et détaillez 6 cercles dont la taille dépendra du diamètre de votre moule et de sa hauteur, et 6 autres pour le fond des empreintes.

Déposez-les dans le fond des empreintes à muffins beurrées. Disposez un peu de farce, ajoutez 1 œuf de caille et recouvrez entièrement avec le reste de la farce.

Détaillez 6 cercles de pâte feuilletée, faites un petit trou au milieu. Recouvrez chaque pâté et soudez les bords. Utilisez les chutes de pâte pour faire un décor de votre choix en découpant des petites formes à l'aide d'un emporte-pièce.

Dorez au jaune d'œuf et réservez au réfrigérateur 30 min.

Préchauffez le four à 180 °C.

Faites cuire 30 min. À la sortie du four, laissez tiédir et servez accompagné d'une salade verte.

POUR **6** PERSONNES

PRÉPARATION	CUISSON	REPOS
45 minutes	*35 minutes*	*30 minutes*

TARTELETTES DE CAROTTES

à l'orientale

INGRÉDIENTS

1 pâte feuilletée rectangulaire
18 petites carottes fanes
1 orange bio
Beurre
2 fromages de chèvre frais
Cumin en poudre
Sel, poivre
Ciboulette fraîche

Lavez et épluchez les carottes.

Dans une poêle, mettez un peu de beurre et faites revenir quelques minutes les carottes entières, ajoutez le jus de l'orange, le cumin en poudre et ½ verre d'eau. Salez, poivrez et laissez cuire à couvert, en les tournant régulièrement sur feu moyen pendant 10 min. Les carottes doivent être fondantes.

Arrêtez la cuisson et déposez-les délicatement dans une assiette.

Dans un bol, mélangez le chèvre frais avec du poivre et les zestes d'orange.

Préchauffez le four à 180 °C.

Coupez 6 rectangles de la longueur des carottes dans la pâte feuilletée. Piquez la pâte à l'aide d'une fourchette et étalez ⅓ du mélange de fromage frais.

Faites cuire pendant 15 à 20 min.

À la sortie du four, déposez 3 carottes sur chaque tartelette et décorez d'une quenelle de chèvre frais avec des brins de ciboulette puis servez immédiatement.

POUR 6 PERSONNES

PRÉPARATION
25 minutes

CUISSON
30 minutes

CHARLOTTE

aux framboises

INGRÉDIENTS

Pour le biscuit cuillère
3 œufs
100 g de sucre
80 g de farine
20 g de fécule de maïs
20 g de sucre glace

Pour la mousse
400 g de coulis ou purée de framboises, ou des framboises surgelées ou fraîches mixées et chinoisées
50 g de sucre en poudre
4 feuilles de gélatine
300 g de crème liquide entière
1 sachet de biscuits roses de Reims
250 g de framboises fraîches

USTENSILES

Robot
Moule à manqué de 24 cm à charnière ou un cercle à pâtisserie

Commencez par préchauffer le four à 180 °C.

Réservez la crème liquide au réfrigérateur. Séparez les jaunes des blancs d'œufs.

Dans le bol du robot, fouettez les blancs en neige en incorporant le sucre en trois fois. Ajouter les jaunes d'œufs et mélanger délicatement.

Tamisez la farine et la fécule de maïs, et incorporez-les dans le bol du robot en mélangeant très délicatement, sans casser les blancs. Versez la pâte sur une plaque de cuisson recouverte de papier sulfurisé et étalez-la uniformément. Saupoudrez de sucre glace et faites cuire 12 min.

Laissez refroidir et réservez.

Faites ramollir les feuilles de gélatine dans un bol rempli d'eau froide.

Dans une casserole, faites chauffer 100 g de coulis et le sucre. Hors du feu, ajoutez la gélatine essorée et mélangez. Versez dans un bol et ajoutez les 300 g de coulis, mélangez et réservez.

Fouettez la crème en chantilly, incorporez-la délicatement au coulis de framboises et réservez au réfrigérateur.

Découpez un cercle dans le biscuit cuillère, du diamètre du moule à manqué à charnière ou du cercle à pâtisserie. Posez-le dans le fond et versez la mousse à la framboise.

Réservez au réfrigérateur pendant 12 h.

Démoulez la charlotte, disposez les biscuits roses de Reims tout autour et mettez un joli ruban pour les faire tenir ou collez-les avec un peu de coulis. Décorez le dessus avec des framboises fraîches. Réservez au frais.

POUR **8** PERSONNES

PRÉPARATION	CUISSON	REPOS
40 minutes	*12 minutes*	*12 heures*

COMPOTÉE DE RHUBARBE

fraises et fromage blanc

INGRÉDIENTS

4 tiges de rhubarbe
250 g de fraises
250 g de fromage blanc bio
75 g de sucre
2 sachets de sucre vanillé

Pelez et coupez les tiges de rhubarbe, mettez-les dans une casserole avec 50 g d'eau et le sucre. Faites cuire à feu doux jusqu'à obtenir une compote.

Lavez et équeutez les fraises.

Coupez quelques fraises en deux que vous placerez dans le fond du verre, tout autour.

Coupez les fraises restantes en petits cubes, ajoutez le sucre vanillé et mélangez.

Dressez les verres en mettant le tartare de fraises, la compotée de rhubarbe et finissez par le fromage blanc, réservez au réfrigérateur avant de servir.

POUR 6 VERRINES

PRÉPARATION
20 minutes

CUISSON
20 minutes

REPOS
1 heure

FINANCIERS

à la framboise

INGRÉDIENTS

130 g de beurre
100 g de blancs d'œufs soit 3 blancs
130 g de sucre glace
50 g de farine
60 g de poudre d'amande
30 g de poudre de noisette ou de poudre d'amande
1 gousse de vanille
Framboises fraîches

USTENSILES

Chinois
Moule à financier

Dans une casserole, faites fondre le beurre jusqu'à ce qu'il prenne une couleur noisette, puis filtrez-le à l'aide d'un chinois et laissez-le tiédir.

Fouettez les blancs d'œufs afin de les faire mousser.

Tamisez le sucre glace et la farine, puis les poudres d'amande et de noisette.

Versez dans un bol et mélangez.

Ajoutez les blancs mousseux et mélangez.

Ajoutez le beurre fondu et mélangez à nouveau.

Laissez reposer au frais pendant 30 min.

Préchauffez le four à 200 °C.

Remplissez les empreintes du moule à financier au trois quarts et placez 2 ou 3 framboises dans chaque empreinte.

Faites cuire 15 min en surveillant la cuisson.

POUR 12 FINANCIERS

PRÉPARATION *15 minutes*

CUISSON *15 minutes*

REPOS *30 minutes*

FRAISIER

INGRÉDIENTS

Pour un fraisier de 25 x 18 cm

Pour le biscuit façon génoise

3 œufs
100 g de sucre en poudre
100 g de farine

Pour la crème diplomate

3 feuilles de gélatine
175 g de sucre en poudre
3 œufs entiers
1 jaune d'œuf
60 g de fécule de maïs
400 g de lait
Vanille en poudre
200 g de crème liquide entière
700 g de fraises

USTENSILES

Cul de poule
Batteur électrique
Thermomètre culinaire
Cadre à pâtisserie extensible

Pour réaliser votre génoise, préchauffez d'abord le four à 180 °C.

Dans un cul de poule, fouettez les œufs et le sucre. Faites chauffer le mélange au bain-marie jusqu'à ce qu'il atteigne 40 °C.

Retirez du feu et fouettez au batteur électrique : le mélange doit tripler de volume.

Incorporez délicatement la farine tamisée à l'aide d'une spatule de manière à obtenir une préparation bien homogène.

Versez cette préparation sur une plaque de cuisson recouverte de papier sulfurisé et faites cuire 12 min. Démoulez le biscuit sur une feuille de cuisson quelques minutes après la sortie du four et réservez.

Pour réaliser la crème diplomate, mettez les feuilles de gélatine à ramollir dans un bol d'eau froide.

Dans une casserole, faites bouillir le lait avec la gousse de vanille fendue et grattée.

Dans un bol, battez les œufs et le jaune d'œuf avec le sucre jusqu'à ce que le mélange blanchisse. Ajoutez la fécule de maïs et mélangez.

Versez une petite quantité de lait bouillant sur ce mélange tout en fouettant puis versez le reste du lait et remettez sur le feu.

Faites cuire la crème jusqu'à ébullition sans cesser de fouetter.

Retirez la casserole du feu, versez la préparation dans un bol, ajoutez les feuilles de gélatine essorées et mélangez bien.

Filmez cette crème pâtissière au contact et laissez refroidir jusqu'à 37 °C.

Pour réussir une chantilly, la crème doit être très froide et votre matériel aussi. Placez le bol et les fouets de votre batteur au congélateur 15 min avant de monter votre chantilly. →

POUR 8 PERSONNES

PRÉPARATION	CUISSON	REPOS
1 heure	*20 minutes*	*4 heures*

→ Commencez à battre la crème en chantilly sur vitesse lente afin d'y incorporer des bulles d'air pendant 5 min, puis augmentez la vitesse progressivement. Réservez la crème chantilly au frais.

Dès que la crème pâtissière a refroidi, incorporez délicatement la chantilly à l'aide d'une maryse et réservez au frais.

Pour le montage de votre fraisier, déposez la moitié de la génoise dans le cadre à pâtisserie. Vous pouvez relever la génoise avec du rhum, du kirsch ou du sirop de fraise.

Collez sur le pourtour du cadre des fraises de même taille, coupées en deux.

Étalez un peu de crème diplomate avec une spatule en insistant bien dans les angles et entre les fraises.

Garnissez l'intérieur avec des fraises entières, réservez 100 g de fraises pour la décoration du gâteau. Recouvrez du restant de crème diplomate et lissez la préparation.

Déposez l'autre moitié du biscuit. Couvrez d'un film alimentaire et réservez au frais au minimum 2 h.

Décorez de fraises, de chantilly ou de meringue italienne.

GÂTEAU
de Savoie

INGRÉDIENTS

6 œufs à température ambiante
125 g de fécule de pommes de terre ou de maïs
25 g de farine
Le zeste de 1 citron
125 g de sucre en poudre
Quelques gouttes de citron
Sucre glace

USTENSILE

Moule à manqué de 24 cm

Préchauffez tout d'abord le four à 150 °C.

Tamisez la farine et la fécule de pommes de terre et réservez.

Cassez les œufs et séparez les jaunes des blancs.

Fouettez les jaunes avec 100 g de sucre en poudre jusqu'à ce que le mélange blanchisse.

Ajoutez le zeste de citron et mélangez.

Battez les blancs en neige très ferme avec ajoutez quelques gouttes de jus de citron, dès que les blancs deviennent blancs et mousseux, incorporez les 25 g de sucre restant et continuer de battre jusqu'à ce qu'ils soient brillants et lisses.

Dans le mélange des jaunes et du sucre, incorporez délicatement à la spatule, ⅓ du mélange fécule, farine puis ⅓ des blancs montés en neige. Répétez l'opération avec les ⅔ restants.

Beurrez un moule à manqué ou de kouglof, ou des moules individuels. Saupoudrez de sucre en poudre et enlevez l'excédent.

Faites cuire pendant 40 min pour un moule à manqué et 25 min pour des moules individuels.

Démoulez le gâteau sur une grille à pâtisserie, laissez refroidir.

Au moment de servir, saupoudrez-le de sucre glace.

POUR
8
PERSONNES

PRÉPARATION
20 minutes

CUISSON
40 minutes

GELÉE DE FRAISE

à la menthe et chantilly au mascarpone

INGRÉDIENTS

500 g de fraises
50 cl de thé à la menthe
1 bouquet de menthe fraîche
50 g de sucre en poudre
6 cuil. à soupe de sirop de fraise
8 feuilles de gélatine
100 g de mascarpone
250 g de crème liquide entière très froide
50 g de sucre glace
½ cuil. à café de vanille en poudre

USTENSILES

Moule à cake de 24 cm
Batteur
Poche à douille

Mettez les feuilles de gélatine à ramollir dans de l'eau froide.

Rincez puis équeutez les fraises. Gardez-en quelques-unes pour la décoration.

Faites bouillir 50 cl d'eau, ajoutez le thé, la moitié du bouquet de menthe fraîche, le sucre en poudre et laissez infuser quelques minutes. Ne laissez pas trop infuser afin que le thé ne devienne pas amer. Retirez le thé et les feuilles de menthe et réservez.

Faites chauffer 10 cl de thé, ajoutez les feuilles de gélatine essorées et mélangez. Ajoutez le sirop de fraise et le reste de thé, réservez.

Tapissez un moule à cake de film alimentaire. Garnissez de fraises entières, de fraises coupées en deux, de fraises coupées en quatre et de fraises coupées en rondelles et de quelques feuilles de menthe ciselées finement.

Versez le thé froid sur les fraises.

Réservez au réfrigérateur pendant au moins 6 h.

Dans un bol que vous aurez mis au congélateur, mettez le mascarpone et la crème liquide bien froide. Commencez à fouetter à vitesse lente jusqu'à l'apparition de bulles puis augmentez la vitesse au fur et à mesure pour finir à grande vitesse. Ajoutez le sucre glace et la vanille, et fouettez de nouveau. Placez la crème dans une poche à douille et décorez le dessus de la gelée de fraise. Réservez au réfrigérateur jusqu'au moment de servir.

Décorez avec des fraises et des feuilles de menthe.

POUR 6 PERSONNES

PRÉPARATION
30 minutes

CUISSON
12 minutes

REPOS
12 heures

LETTER CAKE

INGRÉDIENTS

Pour la pâte sablée
500 g de farine
250 g de beurre pommade
200 g de sucre glace
2 œufs
Une pincée de sel
2 sachets de sucre vanillé
Pour la crème diplomate
3 feuilles de gélatine
175 g de sucre en poudre
3 œufs entiers
1 jaune d'œuf
60 g de fécule de maïs
400 g de lait entier
Vanille en poudre
200 g de crème entière bien froide

Pour la décoration
Fraises
Macarons
Meringues
Fleurs

USTENSILES

Robot
Poche à douille

Pour réaliser la pâte sablée, mettez dans le bol de votre robot, le sucre glace et les œufs, mélangez jusqu'à ce que le mélange blanchisse. Ajoutez le beurre mou et mélangez.

Ajoutez la farine, le sel, le sucre vanillé, mélangez et formez deux boules. Enveloppez-les dans du film alimentaire et réservez au réfrigérateur pendant 1 h. Vous pouvez préparer la pâte la veille.

Préchauffez le four à 180 °C.

Sortez la pâte du réfrigérateur 30 min avant de l'étaler. Sur un plan de travail fariné, étalez votre pâte sur une épaisseur de 6 mm. Déposez votre pâte sur une plaque de cuisson recouverte de papier sulfurisé et posez le patron de votre lettre ou de votre chiffre. À l'aide d'un petit couteau, découpez les contours. Retirez l'excédent de pâte et faites cuire 20 min.

Renouvelez l'opération avec la deuxième boule de pâte.

Mettez les feuilles de gélatine à ramollir dans un bol d'eau froide. Dans une casserole, mettez le lait et la vanille à bouillir.

Pour réaliser la crème diplomate, battez dans un bol, les œufs entiers, le jaune d'œuf et le sucre jusqu'à ce que le mélange blanchisse. Ajoutez la fécule de maïs et mélangez. Versez petit à petit le lait bouillant sur le mélange tout en fouettant. Remettez sur le feu et faites cuire la crème jusqu'à ébullition sans cesser de fouetter. Retirez du feu, ajoutez les feuilles de gélatine essorées et mélangez. Filmez et laissez refroidir jusqu'à 37 °C.

Montez les 200 g de crème en chantilly et incorporez-la délicatement à la préparation précédente. Disposez le mélange dans une poche à douille munie d'une douille lisse.

Posez le premier biscuit sur un plat de service et pochez la crème. Ajoutez quelques fraises coupées en brunoise entre les deux billes de crème. Posez délicatement le second biscuit et pochez de nouveau la crème. Laissez ensuite libre cours à votre créativité en ajoutant pour la décoration des macarons, des meringues, des fruits ou des fleurs.

POUR
8
PERSONNES

PRÉPARATION	CUISSON	REPOS
45 minutes	*35 minutes*	*1 heure*

MACARONS

INGRÉDIENTS

Pour les coques
125 g de sucre glace
125 g de poudre d'amande
100 g de blancs d'œufs (environ 3 à 4 œufs)
120 g de sucre
2 cuil. à soupe de sucre en poudre
Colorant en poudre

Pour la ganache montée
150 g de crème liquide entière
75 g de chocolat blanc
Arôme au choix : vanille, fleur d'oranger, zeste de citron, pâte à pistache…

USTENSILES

Tamis
Robot
Thermomètre culinaire
Poche à douille lisse de 8 mm

Réalisez la ganache la veille.

Hachez le chocolat blanc et réservez.

Faites chauffer 75 g de crème liquide sans la faire bouillir, ajoutez-la en trois fois sur le chocolat. À l'aide d'une spatule, mélangez bien.

Une fois le chocolat bien fondu, ajoutez 75 g de crème liquide bien froide et l'arôme. Réservez au réfrigérateur toute une nuit.

Le lendemain, séparez le jaune du blanc des œufs. Les blancs ne doivent pas sortir du réfrigérateur et être à température ambiante.

Mixez le sucre glace et la poudre d'amande. Passez les poudres au tamis et réservez.

Mettez les blancs d'œufs dans le bol du robot.

Dans une casserole, mettez environ 40 g d'eau et le sucre en poudre pour faire un sirop. Faites chauffer le mélange jusqu'à 120 °C. Quand le mélange atteint 40 °C, commencez à battre les blancs à petite vitesse, augmentez la vitesse petit à petit. Quand les blancs commencent à mousser, ajoutez les 2 cuil. à soupe de sucre.

Lorsque les blancs sont presque montés, ajoutez le sirop lentement, le long de la paroi du bol. Continuez à battre jusqu'à refroidissement des blancs.

Ajoutez le colorant et remettez à battre afin de bien mélanger le colorant.

À l'aide d'une spatule, ajoutez en trois fois le mélange sucre glace et poudre d'amande. Mélangez délicatement en soulevant la préparation de l'extérieur vers l'intérieur du récipient. Soulevez la spatule pour vérifier la texture de la préparation, vous devez obtenir un ruban. N'hésitez pas à écraser la préparation contre la paroi du bol pour la rendre plus fluide. →

POUR **30** MACARONS

PRÉPARATION	CUISSON	REPOS
45 minutes	*15 minutes*	*24 heures*

→ *Préchauffez le four à 145 °C.*

Disposez la préparation dans la poche à douille et faites des petits tas sur une plaque de cuisson recouverte de papier sulfurisé. Sur l'envers du papier sulfurisé, dessinez à l'aide d'un crayon à papier des cercles de 4 cm qui vous aideront pour le gabarit des macarons.

Faites cuire pendant 15 min.

À la sortie du four, laissez refroidir quelques minutes. À l'aide du pouce, creuser légèrement le dessous des coques.

Pendant que les coques refroidissent, battez la ganache, préalablement sortie du réfrigérateur, au fouet comme une chantilly et disposez le mélange dans une poche à douille.

Garnissez les coques et réservez au réfrigérateur.

PANNA COTTA

à la fraise

INGRÉDIENTS

Pour la panna cotta
1 litre de crème liquide entière
5 cuil. à soupe de sucre
5 feuilles de gélatine
2 gousses de vanille

Pour le coulis
500 g de fraises
50 g de sucre
1 cuil. à café de jus de citron
Quelques feuilles de menthe

USTENSILE

Blender

Mettez les feuilles de gélatine à ramollir dans un bol d'eau froide.

Dans une casserole, mettez la crème liquide, le sucre et les 2 gousses de vanille fendues en deux et grattées, portez à ébullition.

Hors du feu, retirez les gousses de vanille et ajoutez la gélatine essorée, mélangez.

Versez la préparation dans les verres, laissez refroidir et réservez au réfrigérateur.

Lavez et équeutez les fraises. Dans un blender, mixez 300 g de fraises, le sucre et le jus de citron, réservez au réfrigérateur.

Au moment de servir, ajoutez dans les verrines, les fraises restantes coupées en cubes et le coulis. Décorez avec des feuilles de menthe et une fraise entière.

POUR 8 VERRINES

PRÉPARATION	CUISSON	REPOS
15 minutes	*5 minutes*	*3 heures*

M
I
A
M

PAVLOVA

aux fraises

De Nicolas Bernadé

INGRÉDIENTS

Pour le pavlova
3 blancs d'œufs
90 g de sucre en poudre
90 g de sucre glace
Quelques gouttes de jus de citron

Pour la chantilly
200 g de crème liquide entière
100 g de mascarpone
40 g de sucre glace
1 gousse de vanille

Pour la compotée de fraises
375 g de fraises
30 g de sucre
1 cuil. à soupe de jus de citron

USTENSILES

Poche à douille lisse de 12 mm
Batteur

Commencez par préchauffez le four à 110°C.

Montez les blancs en neige avec quelques gouttes de jus de citron, quand ils deviennent mousseux, ajoutez ⅓ du sucre et continuez de battre en augmentant la vitesse du fouet. Ajoutez à nouveau ⅓ de sucre tout en continuant de fouetter et augmentez la vitesse du batteur. Ajoutez le dernier ⅓ tout en continuant de fouetter et finissez par la vitesse maximum du fouet jusqu'à l'obtention d'un « bec d'oiseau ».

Ajoutez ensuite le sucre glace tamisé en plusieurs fois et mélangez délicatement avec une spatule sans casser les blancs.

Mettez la meringue dans une poche à douille. Sur une feuille de papier sulfurisé, dessinez un cercle de 24 cm de diamètre. Remplissez votre cercle en partant du centre et en faisant des cercles de plus en plus grands.

Pochez ensuite des « poires » sur le tour du cercle. Renouvelez l'opération deux fois. Faites cuire pendant 2 h. Pensez à ouvrir la porte du four toutes les 30 min environ pour évacuer l'humidité pendant la cuisson.

Dans une casserole, mettez 125 g de fraises lavées et équeutées, le sucre et le jus de citron, portez à ébullition puis laissez cuire à feu moyen pendant 10 min. Surveillez la cuisson. Réservez et laissez refroidir.

Placez le bol et les fouets de votre batteur au congélateur 15 min avant de monter votre chantilly.

Versez dans le bol de votre robot le mascarpone, la crème liquide bien froide, le sucre glace et les graines de la gousse de vanille. Fouettez le tout jusqu'à obtenir une crème lisse et ferme. Réservez au réfrigérateur.

Lavez et séchez les 250 g de fraises restantes, coupez-les en deux.

Au moment de servir, garnissez votre pavlova de compotée de fraises, de crème montée au mascarpone et de fraises coupées en deux.

POUR **6** PERSONNES

PRÉPARATION	CUISSON	REPOS
45 minutes	*2 heures*	*1 heure*

RIZ AU LAIT

à la verveine et compotée de fraises

INGRÉDIENTS

Pour le riz au lait
1 litre de lait entier
100 g de riz rond
30 feuilles de verveine séchée
50 g de sucre en poudre

Pour la compotée de fraises
500 g de fraises
200 g de sucre
1 gousse de vanille
Le jus de 1 citron

USTENSILE

Cocotte en fonte

Réalisez la compotée de fraises la veille.

Lavez les fraises et équeutez-les. Mettez les fraises dans une casserole avec le sucre en poudre, le jus de citron et la gousse de vanille fendue et grattée. Portez à ébullition puis baissez le feu et cuisez à feu doux pendant 10 min.

Laissez refroidir et réservez au réfrigérateur.

Le lendemain, mettez dans une cocotte en fonte, le lait, les feuilles de verveine et le riz. Portez à ébullition puis baissez le feu et laissez cuire à feu doux de 45 min à 1 h tout en remuant de temps en temps.

Vérifiez la cuisson, le lait doit être crémeux et le riz un peu croquant.

Ajoutez le sucre et mélangez. Laissez tiédir et réservez au réfrigérateur.

Versez le riz au lait dans des verrines et ajoutez la compotée de fraises.

Servez bien frais.

POUR 6 VERRINES

PRÉPARATION
15 minutes

CUISSON
1 heure 10

REPOS
12 heures

Ball

ROULÉ

à la confiture de fraises maison

INGRÉDIENTS

Pour la confiture
500 g de fraises
250 g de sucre
Le jus de 1 citron

Pour le roulé
4 œufs
100 g de sucre
100 g de farine
½ sachet de levure chimique

USTENSILE

Bassine à confiture ou cocotte

La confiture est à réaliser sur deux jours.

Lavez et équeutez les fraises. Dans une bassine à confiture ou une cocotte, mettez les fraises, le sucre et le jus de citron, portez à ébullition et cuisez 10 min. Retirez du feu, couvrez d'une feuille de papier sulfurisé et laissez macérer au frais pendant toute une nuit après avoir refroidi.

Le lendemain, à l'aide d'une écumoire, retirez les fraises et réservez.

Portez le sirop à ébullition et cuisez pendant 10 min. Ajoutez les fraises et continuez la cuisson pendant 5 min.

Pour vérifier la cuisson, mettez un peu de confiture sur une assiette, si la confiture se fige, c'est cuit !

Ébouillantez et séchez les pots à confiture, puis à l'aide d'une louche, remplissez-les. Vissez les couvercles et retournez les pots aussitôt, jusqu'à refroidissement.

Une fois le pot ouvert, conservez au frais.

Pour faire le roulé, préchauffez d'abord le four à 200 °C.

Séparez les jaunes d'œufs des blancs et réservez.

Battez les jaunes d'œufs avec le sucre jusqu'à ce que le mélange blanchisse. Ajoutez la farine tamisée et la levure chimique puis mélangez.

Montez les blancs en neige et incorporez-les délicatement au mélange des jaunes et de la farine.

Versez la pâte sur une plaque de cuisson recouverte de papier sulfurisé et étalez-la uniformément. Cuisez pendant 10 min.

À la sortie du four, retournez la plaque sur un torchon propre et retirez la feuille de cuisson. Enroulez le biscuit avec le torchon et laissez refroidir. Déroulez et étalez la confiture de fraises. Roulez le biscuit en le serrant bien.

POUR 6 PERSONNES

PRÉPARATION
30 minutes

CUISSON
35 minutes

REPOS
24 heures

SABLÉS LINZER

à la framboise

INGRÉDIENTS

130 g de beurre mou
90 g de sucre glace
1 sachet de sucre vanillé
1 œuf
250 g de farine
½ cuil. à café de cannelle en poudre
40 g de poudre de noisette
½ cuil. à café de bicarbonate de soude
Une très bonne confiture de framboises
Une pincée de clou de girofle
Une pincée de sel

USTENSILES

Robot
Emporte-pièce à sablé Linzer

Dans le bol de votre robot, mélangez le beurre mou coupé en morceaux, le sucre glace et le sucre vanillé. Ajoutez l'œuf et mélangez.

Ajoutez la farine, la poudre de noisette, la pincée de sel, le bicarbonate de soude, la cannelle et le clou de girofle.

Mélangez et formez une boule, couvrez-la de film alimentaire et réservez au réfrigérateur pour 1 h minimum.

Préchauffez le four à 180 °C.

Sur un plan de travail fariné, étalez la pâte sur une épaisseur de 5 mm et découpez les biscuits à l'aide d'un emporte-pièce. Déposez-les sur une plaque de cuisson recouverte de papier sulfurisé. Faites les découpes avec le mini emporte-pièce dans la moitié des sablés.

Avec les chutes, recommencez l'opération. Si la pâte se ramollit, placez-la quelques minutes au congélateur pour de nouveau la travailler.

Faites cuire les sablés 12 min.

Une fois les sablés refroidis, déposez un peu de confiture au centre des sablés entiers puis collez dessus les sablés troués.

Conservez vos biscuits dans une boîte en acier.

POUR **20** SABLÉS

PRÉPARATION	CUISSON	REPOS
20 minutes	*12 minutes*	*1 heure*

SCONES

INGRÉDIENTS

450 g de farine
40 g de sucre en poudre
2 cuil. à café de levure chimique
1 cuil. à café de bicarbonate de soude
125 g de beurre aux cristaux de sel ou beurre salé
1 œuf
265 g de lait ribot

USTENSILE

Emporte-pièce cannelé

Dans un saladier, mélangez la farine, le sucre, la levure et le bicarbonate de soude.

Ajoutez le beurre froid coupé en cubes et mélangez jusqu'à obtenir une pâte sableuse.

Faites un puits, ajoutez l'œuf et le lait ribot. Mélangez à l'aide d'une cuillère sans trop travailler la pâte. Formez une boule et réservez au réfrigérateur pendant 30 min. La pâte doit coller un peu.

Préchauffez le four à 210 °C.

Sur un plan de travail fariné, déposez la pâte. À l'aide de vos mains farinées, étalez-la sur 3 à 4 cm d'épaisseur. Découpez des cercles à l'aide de l'emporte-pièce cannelé que vous aurez au préalable fariné avant chaque découpe. Appuyez bien l'emporte-pièce d'un coup sec et ne le faites pas tourner sur lui-même.

Déposez les scones sur une plaque de cuisson recouverte d'un papier sulfurisé. Badigeonnez-les d'un peu de lait et mettez à cuire pour 15 min.

Les scones sont à déguster chaud.

Conservez-les dans une boîte hermétique, faites-les réchauffer quelques secondes au four à micro-ondes si vous les consommez plus tard.

POUR 15 SCONES

PRÉPARATION	CUISSON	REPOS
30 minutes	*15 minutes*	*30 minutes*

petit

SOUPE DE FRAISE

au basilic

INGRÉDIENTS

900 g de fraises
75 g de sucre
Le jus de ½ citron
1 bouquet de basilic

USTENSILES

Blender
Calotte

Préparez un sirop en mélangeant dans une casserole, 75 g d'eau, le sucre et 12 feuilles de basilic. Faites bouillir le sirop, baissez le feu et cuisez une dizaine de minutes à feu moyen. Laissez refroidir, retirez les feuilles de basilic et réservez au réfrigérateur.

Lavez et équeutez les fraises, si besoin réservez quelques fraises pour la décoration.

Réalisez une brunoise en coupant en petits cubes 300 g de fraises et réservez au réfrigérateur. Mettez le reste des fraises dans un blender avec le sirop, le citron, 8 feuilles de basilic et mixez. Réservez au frais jusqu'au moment de servir.

Au centre d'une calotte, mettez la brunoise de fraises et versez tout autour la soupe de fraises.

Décorez avec une fraise coupée en deux, des sablés, une feuille de basilic ou de la chantilly maison.

POUR 6 PERSONNES

PRÉPARATION
15 minutes

CUISSON
10 minutes

REPOS
30 minutes

TARTE AU CITRON

meringuée

INGRÉDIENTS

Pour la pâte sablée
250 g de farine
110 g de beurre mou
100 g de sucre glace
30 g de poudre d'amande
1 œuf
Une pincée de sel

Pour le crémeux au citron
Le zeste de 2 citrons bio
100 ml de jus de citron
2 feuilles de gélatine
4 œufs
175 g de sucre
150 g de beurre

Pour la meringue italienne
125 g de sucre en poudre
70 g de blancs d'œufs
(environ 2 gros œufs)

USTENSILES

Mixeur plongeant
Thermomètre culinaire

Pour réaliser la pâte sablée, mélangez dans un bol, le beurre mou coupé en cubes, le sucre glace, la pincée de sel et la poudre d'amande. Ajoutez l'œuf, la farine et mélangez jusqu'à former une boule. Enveloppez la pâte dans du film alimentaire et réservez au réfrigérateur 1 h.

Étalez la pâte sur un plan de travail fariné puis foncez-la dans le moule. Piquez bien votre fond de tarte à l'aide d'une fourchette et placez au frais 1 h.

Préchauffez le four à 180 °C.

Faites cuire pendant 20 min et laissez refroidir.

Pour réaliser le crémeux au citron, réhydratez les feuilles de gélatine dans un bol d'eau froide. Dans une casserole, faites ensuite chauffer le jus de citron, 75 g de sucre et les zestes. Dans un bol, fouettez les 4 œufs et 100 g de sucre. Quand le liquide bout, ajoutez-le sur les œufs en continuant de fouetter, puis reversez le tout dans la casserole. Chauffez sur feu doux en remuant jusqu'à ce que le mélange épaississe.

Ajoutez la gélatine essorée et mélangez. Laissez refroidir jusqu'à 37 °C. Ajoutez le beurre mou puis mixez. Déposez le crémeux sur le fond de tarte et réservez au moins 3 h au frais.

Pour faire la meringue italienne, versez les blancs d'œufs dans la cuve du robot et commencez à monter les blancs en neige, vitesse minimum. Mettez le sucre et 40 g d'eau dans une casserole, lorsque le sirop atteint 110 °C, mettez le fouet à pleine vitesse.

Quand le sirop atteint 118 °C, versez-le en mince filet sur les blancs, le long de la paroi du bol tout en continuant de fouetter. Continuez de battre jusqu'à ce que la meringue soit froide. Étalez-la sur la tarte à l'aide d'une spatule, en faisant un dôme sur le milieu.

Dorez au four sous le gril ou à l'aide d'un chalumeau.

Décorez avec de fines tranches de citrons.

POUR 6 PERSONNES

PRÉPARATION	CUISSON	REPOS
30 minutes	*20 minutes*	*5 heures*

ÉTÉ

PLATS SALÉS

Fougasse aux olives — 51
Guacamole et salade mexicaine — 53
Houmous et gressins au zeste de citron — 55
Petite ratatouille froide et son crumble au parmesan — 57
Panna cotta à la mozzarella et au basilic — 59
Pissaladière à ma façon — 61
Terrine aux poivrons confits et fromage frais aux herbes — 63
Tarte aux tomates crues et pesto — 65
Soupe froide de courgette et menthe — 67
Boulettes de viande à la menthe — 69
Bricks de feta et menthe fraîche — 71
Caviar de courgettes et sablé au parmesan et romarin — 73
Crumble de tomates au chèvre frais — 75
Focaccia aux tomates cerises et romarin — 77

PLATS SUCRÉS

Tarte tropézienne aux abricots et à la lavande — 79
Panna cotta à la verveine et compotée d'abricots — 81
Sorbet fraise basilic— 83
Tarte couronne aux fruits d'été — 85
Tarte façon mojito — 87
Gaspacho tomate fraise et mozzarella di bufala — 89

FOUGASSE

aux olives

INGRÉDIENTS

500 g de farine
15 g de levure fraîche ou 1 sachet de levure de boulanger
10 g de sel
50 g d'huile d'olive
ou 1 pâte à pain de boulanger
1 boîte d'olives noires dénoyautées
Marjolaine, thym ou origan

USTENSILE

Robot

Dans le bol de votre robot, versez la farine et la levure émiettée, mélangez.

Ajoutez le sel, l'huile d'olive et 320 g d'eau tiède, mais pas chaude, et pétrissez pendant 8 min. Ajoutez les olives, la marjolaine et pétrissez pendant 2 min.

Laissez lever 1 h dans un endroit tiède recouvert d'un linge ou dans votre four à 30 °C, la pâte devra doubler de volume.

Sur un plan de travail fariné, divisez la pâte en deux, puis disposez sur 2 feuilles de papier de cuisson. Étalez à l'aide de vos doigts pour lui donner une forme de feuille d'arbre et réalisez des entailles sans aller jusqu'au bord.

Agrandissez les entailles avec vos doigts afin qu'elles ne se referment pas à la cuisson. Laissez lever 45 min.

Préchauffez le four à 230 °C.

Vaporisez votre four d'eau et mettez votre fougasse à cuire pendant 10 à 15 min.

POUR 2 FOUGASSES

PRÉPARATION	CUISSON	REPOS
15 minutes	*15 minutes*	*1 heure 45*

APERO

GUACAMOLE

et salade mexicaine

INGRÉDIENTS

Pour le guacamole
3 avocats mûrs
1 petite tomate
½ oignon blanc
½ jus de citron vert
Cumin en poudre
Coriandre fraîche
Tabasco vert jalapeño
ou piment en poudre
Sel, poivre
Tortillas

Pour la salade
4 filets de poulet
Salade batavia
Tomates cerises
Cheddar râpé
Oignon rouge émincé
2 yaourts à la grecque
1 gousse d'ail hachée
1 cuil. à soupe d'huile d'olive
Épices cajuns
1 cuil. à soupe de citron vert
Sel, poivre

USTENSILE

Tamis

Commencez par assaisonner les filets de poulet de votre salade, de sel, de poivre et d'épices cajuns.

Faites chauffer une poêle avec 1 cuil. à soupe d'huile d'olive.

Cuisez les filets de poulet à feu vif des deux côtés, puis baissez le feu et laissez cuire 7 à 8 min. Réservez et laissez refroidir.

Pour réaliser la sauce de salade, mélangez dans un bol les yaourts, l'ail haché, l'huile d'olive, le jus de citron, des épices cajuns, sel, poivre et réservez au frais.

Réalisez ensuite le guacamole.

Pelez et épépinez la tomate. Coupez-la en petits cubes.

Épluchez puis hachez finement l'oignon.

Coupez les avocats en deux et retirez le noyau. Retirez la chair à l'aide d'une cuillère à soupe et déposez-la dans un tamis.

Mettez de l'eau à bouillir dans une casserole assez large pour pouvoir plonger le tamis. Quand l'eau bout, plongez le tamis, il faut que l'eau recouvre les avocats. Laissez 30 s et retirez-le. Égouttez et laissez refroidir.

Cette technique permet à votre guacamole de rester bien vert, les avocats ne vont pas noircir.

Dans un bol, mettez les avocats, l'oignon haché, la tomate en petits cubes, le jus de ½ citron vert, sel, poivre, cumin en poudre, quelques gouttes de Tabasco ou piment en poudre, 2 cuil. à soupe de coriandre ciselée et mélangez le tout.

Dans une assiette, disposez de la salade coupée en lanières, le filet de poulet émincé, des tomates cerises coupées en deux, du cheddar, des oignons rouges émincés et quelques cuillères à café de sauce de salade.

Ajoutez des tortillas et servez accompagné du guacamole.

POUR
4
PERSONNES

PRÉPARATION
30 minutes

CUISSON
10 minutes

HOUMOUS ET GRESSINS

au zeste de citron

INGRÉDIENTS

Pour les gressins
250 g de farine
1 sachet de levure de boulanger
40 g d'huile d'olive
5 g de sel
Le zeste de 1 citron

Pour le houmous
400 g de pois chiches en boîte
200 g de tahini ou purée de sésame
50 g de jus de citron
3 gousses d'ail
Cumin en poudre
Pignons
Paprika
Huile d'olive
Une cuil. à café de sel

USTENSILE

Robot-Coupe

Dans le bol du robot, versez la farine, l'eau, le sachet de levure et le sel.

Pétrissez pendant 4 min à vitesse lente et ensuite 4 min à vitesse rapide.

Ajoutez le zeste de citron et l'huile d'olive et continuez de pétrir pendant 2 min. Formez une boule, couvrez-la d'un linge humide et laissez lever 1 h.

Préchauffez le four à 210 °C.

Farinez un plan de travail et étalez la pâte en un rectangle de 40 cm de long sur 1 cm d'épaisseur. Découpez des bandes de 1 cm de large, torsadez-les et déposez-les sur une plaque de cuisson recouverte de papier sulfurisé.

Laissez lever 30 min.

Faites cuire 15 à 20 min. Sortez les gressins du four et laissez-les refroidir avant de les déguster.

Dans le bol de votre Robot-Coupe, mixez les pois chiches égouttés.

Ajoutez le jus de citron, le sel, 2 cuil. à café de cumin en poudre, 3 gousses d'ail hachées, le tahini et mixez. Tout en continuant de mixer, ajoutez progressivement entre 75 g et 100 g d'eau jusqu'à obtenir une pâte crémeuse.

N'hésitez pas à rajouter un peu d'eau si le houmous vous semble trop sec.

Disposez le houmous dans un plat et versez un filet d'huile d'olive, du paprika et des pignons que vous aurez fait revenir quelques minutes dans une poêle.

Le houmous se conserve dans une boîte hermétique pendant une semaine.

POUR **6** PERSONNES

PRÉPARATION	CUISSON	REPOS
30 minutes	*20 minutes*	*1 heure 30*

PETITE RATATOUILLE FROIDE

et son crumble au parmesan

INGRÉDIENTS

Pour la ratatouille
4 courgettes
2 aubergines
1 boîte de pulpe de tomates ou 4 tomates fraîches
1 oignon
2 gousses d'ail
Cumin en poudre
Huile d'olive
Sel, poivre
1 bouquet de basilic

Pour le crumble
100 g de farine
50 g de chapelure
60 g de parmesan
100 g de beurre mou
300 g de chèvre frais
Huile d'olive
Piment d'Espelette
Poivre

Lavez et coupez tout d'abord les aubergines en petits cubes. Faites chauffer une poêle avec 3 cuil. à soupe d'huile d'olive, ajoutez les aubergines et faites revenir à feu vif pendant 15 min en remuant régulièrement. Débarrassez-les et réservez.

Lavez et coupez ensuite les courgettes en petits cubes. Faire chauffer une poêle avec 1 cuil. à soupe d'huile d'olive, ajoutez les courgettes et faites revenir 10 min en remuant régulièrement. Débarrassez-les et réservez.

Pelez et coupez un oignon en petits morceaux. Épluchez, dégermez et hachez 2 gousses d'ail. Lavez et pelez les tomates fraîches et coupez-les en petits cubes.

Si vous n'avez pas de tomates fraîches, ajoutez la boîte de pulpe de tomates.

Dans une poêle, faites revenir les oignons avec 1 cuil. à soupe d'huile d'olive, ajoutez du cumin en poudre et faites revenir. Ajoutez les tomates et l'ail, mélangez et faites revenir quelques minutes. Ajoutez les aubergines et les courgettes, salez, poivrez et mélangez.

Versez la ratatouille dans un plat et laissez refroidir.

Ciselez les feuilles de basilic et ajoutez-les à la ratatouille froide.

Préchauffez le four à 180 °C.

Dans un bol, mettez la farine, le parmesan et la chapelure et mélangez.

Ajoutez le beurre mou coupé en morceaux et mélangez du bout des doigts jusqu'à obtenir une pâte granuleuse.

Sur une plaque de cuisson recouverte de papier sulfurisé, étalez le crumble et faites cuire pendant 15 min. Sortez du four et laissez refroidir.

Dans un bol, mélangez le chèvre frais, le poivre, une pincée de piment d'Espelette et 1 cuil. à soupe d'huile d'olive. Dans une verrine, mettez de la ratatouille froide, parsemez de crumble de parmesan et disposez une quenelle de chèvre.

POUR 6 VERRINES

PRÉPARATION
40 minutes

CUISSON
50 minutes

PETITE RATATOUILLE FROIDE

PANNA COTTA

à la mozzarella et au basilic

INGRÉDIENTS

250 g de mozzarella
25 cl de crème liquide entière
1,5 feuille de gélatine
20 feuilles de basilic
250 g de tomates cerises
Huile d'olive
Sel, poivre

USTENSILE

Blender ou mixeur plongeant

Faites ramollir les feuilles de gélatine dans un bol d'eau froide.

Coupez la mozzarella en petits cubes et réservez.

Portez à ébullition la crème liquide avec 10 feuilles de basilic et laissez infuser pendant 10 min. Retirez les feuilles de basilic.

Remettez à chauffer la crème et ajoutez la mozzarella jusqu'à ce qu'elle soit fondue.

Ajoutez les feuilles de gélatine essorées et mixez la préparation dans un blender ou à l'aide d'un mixeur plongeant pour avoir une texture bien lisse.

Versez la crème dans les verrines, laissez refroidir et réservez au frais.

Lavez et coupez les tomates cerises en quatre, mettez-les dans un bol.

Assaisonnez d'huile d'olive, de sel, de poivre et de feuilles de basilic ciselé.

Déposez les tomates sur les panna cottas et décorez d'une feuille de basilic.

POUR
8
VERRINES

PRÉPARATION
20 minutes

CUISSON
15 minutes

REPOS
4 heures

PISSALADIÈRE

à ma façon

INGRÉDIENTS

2 pâtes à pizza ou pâtes à pain du commerce ou une pâte maison

Pour la pâte maison
250 g de farine
7 g de levure fraîche ou 1 sachet de levure sèche de boulangerie
5 g de sel
25 g d'huile d'olive

Pour la compotée d'oignons
500 g d'oignons blancs
25 g de sucre en poudre
1 branche de romarin
2 branches de thym
2 feuilles de laurier
6 anchois à l'huile (facultatif)
16 olives noires dénoyautées
2 gousses d'ail
Huile d'olive
Sel, poivre

USTENSILES

Moules à tartelettes

Pour réaliser votre pâte, mettez dans un bol la farine et la levure émiettée, mélangez. Ajoutez le sel, l'huile d'olive et 160 g d'eau. Pétrissez la pâte pendant 10 min, recouvrez le bol d'un film alimentaire puis laissez reposer la pâte au moins 1 h.

Pour la compotée, commencez par éplucher les oignons puis émincez-les finement.

Faites suer les oignons dans une sauteuse avec 2 cuil. à soupe d'huile d'olive, le sucre, le thym, le laurier et le romarin pendant 10 min jusqu'à obtenir une belle coloration. Ajouter un peu d'eau si les oignons commencent à coller.

Baissez le feu et cuisez à couvert pendant 20 min en remuant fréquemment, jusqu'à obtenir une belle compotée.

Enlevez le couvercle et laissez évaporer le liquide.

Retirez les herbes aromatiques et laissez refroidir.

Préparez ensuite un pissalat à ma façon.

Mixez 16 olives noires, 6 anchois à l'huile, 2 gousses d'ail, 1 cuil. à soupe d'huile d'olive et réservez. Vous pouvez remplacer les anchois par des sardines ou ne rien mettre du tout.

Préchauffez le four à 225 °C.

Sur un plan de travail fariné, divisez la pâte en 8 boules et réservez.

Huilez des moules à tarte individuels et déposez-y une boule de pâte.

Aplatissez avec les doigts en partant du centre pour rejoindre le bord tout en tournant le moule. Si la pâte colle, saupoudrez de farine. Étalez un peu de pissalat sur la pâte, puis ajoutez la compotée d'oignons.

Décorez avec des filets d'anchois et des olives noires.

Faites cuire 15 à 20 min suivant la taille des pissaladières, la pâte doit avoir pris une coloration blond doré.

POUR 8 PISSALADIÈRES

PRÉPARATION	CUISSON	REPOS
30 minutes	*50 minutes*	*1 heure*

TERRINE AUX POIVRONS CONFITS

et fromage frais aux herbes

INGRÉDIENTS

3 poivrons verts
3 poivrons rouges
3 poivrons jaunes
450 g de fromage frais (brebis, vache ou chèvre)
4 feuilles de gélatine
10 cl de crème liquide
Basilic frais
Ciboulette fraîche
Huile d'olive
Ail
Poivre

USTENSILE

Moule à cake de 22 cm

Préparez les poivrons de la terrine la veille.

Préchauffez le four à 225 °C.

Déposez les poivrons entiers sur une plaque du four et faites cuire 30 min en les retournant quatre fois pendant la cuisson. À la sortie du four, placez les poivrons chauds dans un sac de congélation et laissez refroidir au frais.

À l'aide d'un couteau, retirez la peau des poivrons, les pédoncules et les graines.

Déposez dans une passoire et laissez égoutter toute une nuit. Le lendemain, faites ramollir les feuilles de gélatine dans de l'eau froide.

Dans une casserole, mettez la crème liquide à chauffer, dès qu'elle bout éteignez le feu. Ajoutez les feuilles de gélatine essorées et mélangez.

Versez la crème dans un bol, ajoutez le fromage frais, la ciboulette et le basilic ciselés, 1 cuil. à soupe d'huile d'olive, 1 gousse d'ail dégermée et finement hachée, du poivre et mélangez. Détaillez chaque poivron en lanières de 2 cm et réservez.

Tapissez un moule à cake de film alimentaire. Coupez des lanières de poivrons de la largeur du moule. Étalez en alternant les lanières de poivrons jaunes, rouges et verts.

Ajoutez ⅓ de la préparation au fromage frais et tapissez de nouveau avec des lanières de poivrons. Continuez de monter la terrine de la sorte et terminez par une couche de poivrons. Rabattez le film et réservez au réfrigérateur pour au moins 6 h.

Coupez le reste des poivrons en petits cubes.

Ajoutez une gousse d'ail hachée finement avec du basilic, du sel, du poivre et réservez au frais.

Démoulez la terrine. Servez frais avec du pain grillé et les cubes de poivrons confits.

POUR **8** PERSONNES

PRÉPARATION
40 minutes

CUISSON
30 minutes

REPOS
24 heures

TERRINE AUX POIVRONS CONFITS

TARTE AUX TOMATES CRUES

et pesto

INGRÉDIENTS

Pour la tarte
250 g de farine
100 g de beurre demi-sel mou
2 cuil. à soupe de pesto
1 œuf
1 kg de tomates
Quelques billes de mozzarella
Basilic
Huile d'olive
Sel, poivre

Pour le pesto
60 g de basilic frais
100 g de parmesan
100 g de pignons
2 gousses d'ail
40 cl d'huile d'olive
Sel, poivre

USTENSILE

Robot

Pour réaliser le pesto, commencez par laver et sécher les feuilles de basilic.

Dans le bol d'un petit robot, mettez le basilic, le parmesan, les pignons, sel, poivre et les 2 gousses d'ail épluchées et dégermées.

Mixez en ajoutant l'huile d'olive petit à petit jusqu'à obtenir une pâte homogène. Rectifiez l'assaisonnement et réservez.

Pour faire votre pâte brisée, mettez dans un bol la farine, le beurre mou, le pesto, et mélangez afin d'obtenir une pâte qui ressemble à du sable.

Ajoutez l'œuf et 3 cuil. à soupe d'eau puis pétrissez jusqu'à former une boule.

Enveloppez-la dans du film alimentaire et laissez reposer 1 h au réfrigérateur.

Préchauffez le four à 180 °C.

Sur un plan de travail fariné, étalez la pâte et déposez-la dans un moule à tarte. Foncez les bords et piquez le fond à la fourchette.

Couvrez la pâte de papier sulfurisé et de billes de porcelaine. Faites cuire 20 à 25 min.

Laissez refroidir.

Coupez les tomates en deux, garnissez la tarte.

Arrosez d'un filet d'huile d'olive, salez et poivrez.

Disposez des feuilles de basilic ciselées et des billes de mozzarella.

POUR 6 PERSONNES

PRÉPARATION
30 minutes

CUISSON
25 minutes

REPOS
1 heure

SOUPE FROIDE DE COURGETTE

et menthe

INGRÉDIENTS

5 courgettes
2 yaourts nature brassés
10 feuilles de menthe
3 cuil. à soupe d'huile d'olive
2 pincées de cumin en poudre
Chèvre frais
1 baguette
1 gousse d'ail
Sel, poivre

USTENSILE

Blender

Lavez les courgettes puis détaillez-les en rondelles.

Faites-les cuire 3 min dans l'eau bouillante salée, égouttez-les et réservez un peu d'eau de cuisson.

Refroidissez-les sous l'eau froide.

Lavez les feuilles de menthe.

Dans un blender, mixez les courgettes, les yaourts, les feuilles de menthe et l'huile d'olive. Si la soupe est un peu épaisse, ajoutez un peu d'eau de cuisson et mixez de nouveau, assaisonnez et réservez au frais.

Coupez des tranches de pain dans de la baguette et faites-les griller.

Grattez-les avec une gousse d'ail et disposez une quenelle de chèvre frais dessus.

Servez votre soupe très fraîche accompagnée de son toast.

POUR 6 PERSONNES

PRÉPARATION
15 minutes

CUISSON
3 minutes

REPOS
2 heures

BOULETTES DE VIANDE
à la menthe

INGRÉDIENTS

500 g de viande hachée de bœuf et d'agneau (proportions au choix)
1 oignon rouge
3 gousses d'ail
1 œuf
25 g de pignons
40 g de chapelure
1 bouquet de menthe fraîche
1 bouquet de coriandre fraîche
Cumin en poudre
Cannelle en poudre
2 yaourts à la grecque
Le jus de ½ citron
Huile d'olive
Sel, poivre

Faites torréfier les pignons 2 à 3 min dans une poêle. Réservez.

Dans un bol, mettez les viandes hachées, l'oignon rouge émincé, la chapelure, l'œuf, 2 gousses d'ail dégermées et hachées finement, les pignons, ½ cuil. à café de cannelle, 1 cuil. à café de cumin, 2 cuil. à soupe de coriandre hachée, 2 cuil. à soupe de menthe hachée, sel et poivre.

Mélangez bien en malaxant avec vos doigts, ajoutez 3 cuil. à soupe d'huile d'olive en trois fois et mélangez pendant 10 min.

Préchauffez le four à 140 °C.

Mettez de l'eau dans un bol, trempez vos mains et commencez à réaliser des boulettes de 4 cm de diamètre.

Déposez les boulettes sur une plaque de cuisson recouverte de papier sulfurisé et faites cuire 20 min.

Dans un bol, mélangez les yaourts, le jus de ½ citron, 1 cuil. à café d'huile d'olive, 3 cuil. à soupe de menthe fraîche hachée finement, 1 gousse d'ail hachée, du cumin, sel, poivre et mélangez.

Réservez au réfrigérateur.

À la sortie du four, servez les boulettes encore chaudes avec la sauce au yaourt.

POUR 20 BOULETTES

PRÉPARATION
30 minutes

CUISSON
20 minutes

bonheur

BRICKS DE FETA

et menthe fraîche

INGRÉDIENTS

20 feuilles de bricks
400 g de feta
2 œufs
30 g de beurre fondu
50 g de gruyère râpé
30 g de pignons
1 bouquet de menthe fraîche
Poivre
Huile d'olive
1 blanc d'œuf

Commencez par faire fondre le beurre au four à micro-ondes.

Lavez 20 feuilles de menthe, ciselez finement et réservez.

Mettez un peu d'huile d'olive dans une poêle, ajoutez les pignons et faites-les rôtir légèrement puis réservez.

Mettez la feta dans un bol et écrasez-la à l'aide d'une fourchette.

Ajoutez les œufs, le gruyère râpé, les pignons, la menthe, le beurre fondu, le poivre et mélangez.

Préchauffez le four à 200 °C.

Prenez une feuille de bricks et coupez-la en deux.

Déposez la demi-feuille de brick devant vous, le côté arrondi en bas.

Déposez une bonne cuillère à café de garniture, en bas et au centre à 2 cm du bord. Rabattez le tiers droit, puis le tiers gauche. Rabattez ensuite la pointe et roulez vers le haut. À 2 cm du bord, badigeonnez de 1 blanc d'œuf pour coller.

Déposer les bricks sur une plaque de cuisson recouverte de papier sulfurisé.

Badigeonnez-les d'huile d'olive à l'aide d'un pinceau.

Mettez à cuire pour 10 à 15 min, les cigares doivent être bien dorés.

Dégustez chaud.

POUR
20
BRICKS

PRÉPARATION
30 minutes

CUISSON
15 minutes

CAVIAR DE COURGETTES

et sablé au parmesan et romarin

INGRÉDIENTS

Pour les sablés
100 g de beurre
25 g d'huile d'olive
220 g de farine
60 g de parmesan frais râpé
1 œuf
1 cuil. à soupe de romarin ciselé
Piment d'Espelette

Pour le caviar de courgettes
4 courgettes moyennes ou 700 g
60 g de poudre d'amande ou de noisette
2 gousses d'ail
Cumin en poudre
Huile d'olive fruitée
Sel, poivre

USTENSILES

Robot
Blender

Pour réaliser les sablés, mettez dans le bol du robot, la farine, le parmesan, le beurre, l'huile d'olive et mélangez. Ajoutez l'œuf, le romarin ciselé, une pincée de piment d'Espelette et mélangez le tout pour former une boule.

Si la pâte a du mal à s'agglomérer, ajoutez 1 à 2 cuil. à soupe d'eau. Formez 2 boudins de 4 cm de diamètre, enveloppez-les dans du film alimentaire et réservez au frais pendant 1 h.

Préchauffez le four à 180 °C.

Dans les boudins, découpez des tranches de 8 mm d'épaisseur et posez-les sur une plaque de cuisson recouverte de papier sulfurisé.

Faites cuire 10 à 15 min. Sortez les tranches du four et laissez refroidir.

Pour réaliser le caviar de courgettes, augmentez la chaleur du four à 210 °C.

Lavez et coupez les courgettes en gros cubes et déposez-les sur une plaque de cuisson recouverte de papier sulfurisé. Arrosez le tout d'un filet d'huile d'olive, salez et poivrez.

Faites cuire pendant 20 à 30 min pour qu'elles soient bien rôties.

Sortez les courgettes du four, déposez-les dans une passoire, laissez-les égoutter puis refroidir.

Dans la cuve du blender, mettez les courgettes, la poudre d'amande, les gousses d'ail épluchées et dégermées, 2 cuil. à soupe d'huile d'olive, du cumin en poudre, sel et poivre et mixez.

Goûtez et assaisonnez à votre convenance.

Réservez au frais.

POUR **6** PERSONNES

PRÉPARATION	CUISSON	REPOS
30 minutes	*45 minutes*	*1 heure*

CRUMBLE DE TOMATES

au chèvre frais

INGRÉDIENTS

2 kg de tomates
125 g de farine
125 g de beurre salé
90 g de chapelure
90 g de parmesan râpé
Huile d'olive
Thym
Romarin
Pignons
2 fromages de chèvre frais
50 g de crème fraîche
Cumin en poudre
1 gousse d'ail hachée
Sel, poivre

Commencez par préchauffer le four à 120 °C.

Mettez de l'eau à bouillir.

À l'aide d'un couteau, incisez les tomates en faisant une croix et plongez-les dans l'eau bouillante pendant 1 min.

En partant de l'incision, soulevez la peau à l'aide d'un petit couteau et tirez.

Coupez les tomates en quatre et épépinez-les puis disposez-les dans la lèchefrite du four.

Arrosez-les d'huile d'olive, salez, poivrez et parsemez de thym et de romarin.

Faites cuire pendant 1 h. Sortez les tomates du four, si elles rendent trop d'eau, égouttez-les pendant 30 min.

Pour faire la pâte à crumble, mélangez dans un bol, du bout des doigts, la farine, la chapelure, le parmesan, le beurre mou et 2 cuil. à soupe d'huile d'olive. Le mélange doit être sableux.

Réservez au frais.

Préchauffez le four à 210 °C.

Disposez des quartiers de tomates dans des plats individuels ou dans un plat à gratin, parsemez de la pâte à crumble et de quelques pignons.

Faites cuire pendant 20 à 30 min jusqu'à ce que le crumble soit doré.

Pour accompagner le crumble, mélangez dans un bol le fromage de chèvre, la crème fraîche, le poivre, du cumin en poudre, 1 cuil. à soupe d'huile d'olive et une gousse d'ail hachée.

Réservez au frais et servez avec le crumble.

POUR 6 PERSONNES

PRÉPARATION	CUISSON	REPOS
30 minutes	*1 heure 30*	*30 minutes*

FOCACCIA AUX TOMATES CERISES

et romarin

INGRÉDIENTS

400 g de farine
10 g de levure fraîche
10 g d'huile d'olive fruitée
10 g de sel
1 cuil. à soupe de romarin ciselé
Huile d'olive
Des tomates cerises
Fleur de sel

USTENSILE

Robot

La pâte de la focaccia est à faire la veille.

Dans le robot, mettez 250 g d'eau, le sel, la farine, la levure émiettée et l'huile d'olive et pétrissez pendant 10 min.

Mettez la pâte dans un bol, filmez et placez au réfrigérateur pendant 24 h.

Le lendemain, mettez la pâte sur un plan de travail fariné et formez une boule.

Si la pâte est un peu collante, ajoutez un peu de farine.

Sur une feuille de papier cuisson, badigeonnez d'huile d'olive, étalez la pâte du bout des doigts en formant un rectangle assez épais de 1 cm d'épaisseur.

Couvrez d'un linge et laissez reposer 1 h.

Dans un bol, mélangez 3 cuil. à soupe d'huile d'olive et le romarin ciselé.

Faites des trous avec les doigts sur toute la surface de la focaccia et répartissez le mélange huile d'olive et romarin.

Coupez les tomates cerises en deux et posez-les sur la pâte en les enfonçant légèrement.

Laissez reposer 20 min.

Préchauffez le four à 240 °C.

Ajoutez un peu de fleur de sel et faites cuire pendant 15 min en surveillant la cuisson.

Laissez tiédir et dégustez avec du jambon cru et de la mozzarella.

POUR 4 PERSONNES

PRÉPARATION
20 minutes

CUISSON
15 minutes

REPOS
24 heures

TARTE TROPÉZIENNE

aux abricots et à la lavande

INGRÉDIENTS

Pour la brioche
6 cl de lait
4 cl de fleur d'oranger
1 œuf
30 g de sucre
250 g de farine
12 g de levure fraîche ou 1 sachet de levure de boulangerie
60 g de beurre mou
Sucre en grains
1 jaune d'œuf
Une pincée de sel
Pour la crème
3 œufs
1 jaune d'œuf
150 g de sucre
60 g de fécule de maïs
40 cl de lait entier
1 gousse de vanille
3 feuilles de gélatine
250 g de crème liquide entière froide

Pour la compotée d'abricots à la lavande
12 abricots
60 g de sucre
3 brins de lavande

USTENSILES

Robot muni d'un crochet à pétrin
Poche à douille

La pâte à brioche est à réaliser la veille.

Dans un verre, faites tiédir au four à micro-ondes le lait et la fleur d'oranger, juste tiède, mais pas chaud.

Dans le bol du robot muni du crochet à pétrin, mettez le mélange lait-fleur d'oranger, le sucre, le sel et l'œuf puis mélangez.

Ajoutez la farine et la levure émiettée et pétrissez pendant 10 min. Ajoutez le beurre mou coupé en cubes petit à petit tout en continuant de mélanger et pétrissez pendant 5 min.

Déposez la pâte dans un saladier, recouvrez d'un torchon. Laissez pousser 1 h dans une pièce chaude. Avant de travailler la brioche, s'il fait très chaud, mettez votre pâte au réfrigérateur pendant 30 min minimum.

Préchauffez le four à 160°.

Sur une feuille de papier sulfurisé, posez votre pâte à brioche. Étalez-la à l'aide d'un rouleau à pâtisserie, farinez un peu si la pâte colle. À l'aide d'une assiette ou d'un cercle à pâtisserie, découpez un cercle de 24 cm de diamètre. Retirez le surplus de pâte, recouvrez d'un torchon et laissez pousser pendant 30 min.

Badigeonnez délicatement la brioche avec un jaune d'œuf et saupoudrez de sucre en grains. Mettez à cuire pendant 30 min. Sortez du four et laissez refroidir.

Vous pouvez réaliser des petites tropéziennes en formant 8 boules de pâtes. Déposez-les sur une plaque de cuisson recouverte de papier sulfurisé en les espaçant. Couvrez et laissez pousser 30 min. Badigeonnez délicatement la brioche avec un jaune d'œuf et saupoudrez de sucre en grains. Mettez à cuire 30 min.

Pour réaliser la compotée, lavez et coupez d'abord les abricots en deux, retirez les noyaux. →

POUR **8** TARTES

PRÉPARATION	CUISSON	REPOS
45 minutes	*45 minutes*	*4 heures*

→ Dans une casserole, mettez les abricots, la lavande et le sucre et portez à ébullition tout en mélangeant. Retirez les brins de lavande, baissez le feu et laissez compoter 15 min. Laissez refroidir et réservez.

Faites ensuite la crème en mettant les feuilles de gélatine à ramollir dans un bol d'eau froide.

Dans une casserole, mettez le lait et la vanille fendue à bouillir. Dans un bol, battez les œufs entiers, le jaune d'œuf et le sucre. Ajoutez la fécule de maïs et mélangez.

Versez petit à petit le lait bouillant tout en mélangeant, remettez sur le feu et faites cuire la crème jusqu'à ébullition sans cesser de fouetter. Retirez du feu, ajoutez les feuilles de gélatine essorées et mélangez.

Réservez et laissez refroidir.

Montez la crème liquide en chantilly. Incorporez une cuillère de chantilly dans la crème aux œufs afin de détendre le mélange au fouet. Ensuite à l'aide d'une spatule, ajoutez le reste de chantilly et mélangez délicatement. Mettez la préparation dans une poche à douille et réservez-la au frais.

Coupez la brioche en deux dans le sens de la longueur, étalez la compotée d'abricots et pochez la crème en formant un escargot.

Réservez 2 h au frais avant de déguster.

PANNA COTTA À LA VERVEINE

et compotée d'abricots

INGRÉDIENTS

Pour la panna cotta
40 cl de crème liquide entière
10 cl de lait entier
40 g de sucre
20 feuilles de verveine séchée ou fraîche
3 feuilles de gélatine

Pour la compotée d'abricots
12 abricots bien mûrs
3 cuil. à soupe de miel
1 cuil. à soupe d'huile d'olive
1 gousse de vanille

Dans une casserole, faites bouillir la crème et le lait. Éteignez le feu à ébullition et rajoutez les feuilles de verveine séchée ou fraîche.

Laissez infuser 30 min.

Mettez la gélatine à ramollir dans l'eau froide.

Filtrez ensuite la crème, puis remettez-la dans la casserole avec le sucre. À ébullition, stoppez la cuisson et ajoutez la gélatine essorée. Mélangez bien et versez dans 4 verrines.

Laissez refroidir avant de placer au réfrigérateur pour un minimum de 4 h.

Lavez et coupez les abricots en deux, retirez les noyaux.

Dans une poêle, versez l'huile d'olive et la gousse de vanille fendue en deux. Ajoutez les abricots et le miel, portez à ébullition tout en mélangeant, baissez le feu et laissez cuire 15 min à feu moyen.

Réservez et laissez refroidir.

Au moment de servir, ajoutez la compotée d'abricots sur les verrines.

Décorez avec une feuille de verveine

POUR 4 VERRINES

PRÉPARATION
30 minutes

CUISSON
20 minutes

REPOS
4 heures

SORBET FRAISE

basilic

INGRÉDIENTS

500 g de fraises
100 g de sucre en poudre
12 feuilles de basilic
1 cuil. à soupe de jus de citron

USTENSILES

Blender
Sorbetière

Dans une casserole, portez à ébullition 100 g d'eau, le sucre et les feuilles de basilic lavées, pendant 5 min. Retirez du feu et laissez refroidir.

Rincez et équeutez ensuite les fraises.

Dans un blender, mixez les fraises, le jus de citron et le sirop obtenu contenant les feuilles de basilic, afin d'obtenir une purée bien lisse.

Réservez au frais pendant 1 h.

Versez la préparation soit dans une sorbetière en laissant prendre 20 min soit dans un récipient que vous placerez au congélateur pour au moins 4 h.

Avant de déguster le sorbet, laissez-le à température ambiante quelques minutes.

POUR 4 PERSONNES

PRÉPARATION
35 minutes

CUISSON
5 minutes

REPOS
4 heures

TARTE COURONNE

aux fruits d'été

INGRÉDIENTS

Pour la pâte sucrée
250 g de farine
125 g de beurre
30 g de poudre de noisette
90 g de sucre glace
1 œuf
Sel

Pour la compotée de fraises
250 g de fraises
60 g de sucre en poudre
1 cuil. à soupe de jus de citron

Pour la crème chantilly
25 cl de crème liquide entière
50 g de mascarpone
25 g de sucre glace
1 gousse de vanille
Des feuilles de menthe fraîche
Le zeste de 1 citron vert
250 g de fraises
125 g de framboises
2 pêches mûres

USTENSILES

Robot
Moule ou cercle à pâtisserie de 24 cm de diamètre
Cercle de 12 cm
Poche à douille

La pâte peut être réalisée la veille.

Dans le bol de votre robot, mélangez la farine et le beurre mou coupé en cubes jusqu'à obtenir un mélange sableux. Ajoutez la poudre de noisette et le sucre glace puis mélangez.

Ajoutez l'œuf et la pincée de sel, mélangez jusqu'à obtenir une pâte homogène, ne la travaillez pas trop. Formez une boule, enveloppez-la dans du film alimentaire et réservez au réfrigérateur pendant 2 h.

Sortez votre pâte sucrée du réfrigérateur 30 min avant de la travailler. Cette pâte se congèle très bien et se conserve 3 jours au réfrigérateur.

Sur un plan de travail fariné, étalez votre pâte sucrée sur une épaisseur d'environ 4 mm. Foncez un cercle à pâtisserie que vous aurez déposé sur une plaque de cuisson recouverte de papier sulfurisé ou déposez la pâte dans votre moule à tarte.

Évidez le centre de la tarte à l'aide d'un cercle de 12 cm de diamètre. Retirez le disque de pâte et replacez le cercle au centre. Taillez une bande de pâte sucrée de 3 cm de large sur 13 cm de long. Enroulez cette bande autour du cercle et soudez la jonction avec un peu d'eau. Réservez au réfrigérateur pendant 30 min.

Préchauffez le four à 180 °C.

Pour une cuisson à blanc de votre fond de tarte, piquez le fond avec une fourchette. Découpez une feuille de papier sulfurisé de la taille de votre fond de tarte, mettez-la sur votre pâte puis recouvrez de haricots secs puis enfournez pour 20 min. À la sortie du four, retirez les haricots secs et laissez refroidir.

Dans une casserole, mettez 250 g de fraises lavées et équeutées, le sucre et le jus de citron puis laissez cuire à feu moyen tout en mélangeant régulièrement pendant 15 min. Réservez dans un bol et laissez refroidir. →

POUR **6** PERSONNES

PRÉPARATION	CUISSON	REPOS
1 heure	*20 minutes*	*3 heures*

→ Pour monter la crème en chantilly, placez le bol de votre robot 30 min au congélateur.

À l'aide d'un couteau, fendez la gousse de vanille dans la longueur et récupérez les graines.

Dans le bol, mettez la crème liquide, le mascarpone, les graines de la gousse de vanille, le sucre glace et commencez à fouetter à vitesse moyenne quelques minutes puis à pleine vitesse jusqu'à obtenir une crème très ferme et compacte. Réservez-la au réfrigérateur.

Répartissez la compotée de fraises sur le sablé.

Ajoutez la chantilly, soit à la poche à douille, soit avec une spatule.

Disposez les fraises lavées et coupées en deux et en quatre, des pêches lavées et coupées en huit, ajoutez les framboises.

Décorez avec des fraises entières, des feuilles de menthe fraîche ciselées, ainsi que des zestes de citron vert.

TARTE

façon mojito

INGRÉDIENTS

Pour la pâte sablée
250 g de farine
110 g de beurre mou
100 g de sucre glace
30 g de poudre d'amande
1 œuf
Une pincée de sel

Pour le crémeux aux citrons
Le zeste de 2 citrons verts
100 ml de jus de citron vert
10 feuilles de menthe fraîche pour l'infusion
1 cuil. à soupe de rhum
2 feuilles de gélatine
4 œufs
175 g de sucre
125 g de beurre
4 feuilles de menthe ciselées
Des feuilles de menthe et des rondelles de citron vert pour la décoration

Pour la meringue italienne
125 g de sucre en poudre
70 g de blancs d'œufs (environ 2 gros œufs)

USTENSILES

Mixeur plongeant
Thermomètre culinaire

Pour réaliser la pâte sablée, mélangez dans un bol, le beurre mou coupé en cubes, le sucre glace, la pincée de sel et la poudre d'amande.

Ajoutez l'œuf, la farine et mélangez jusqu'à former une boule.

Enveloppez la pâte dans du film alimentaire et réservez au réfrigérateur 1 h minimum.

Étalez la pâte sur un plan de travail fariné puis foncez-la dans le moule.

Piquez bien votre fond de tarte à l'aide d'une fourchette et placez au frais pendant 1 h 30 min minimum.

Préchauffez le four à 180 °C.

Faites cuire pendant 20 à 25 min et laissez refroidir.

Pour réaliser le crémeux, mettez les feuilles de gélatine à ramollir dans un bol d'eau froide.

Dans une casserole, mettez à chauffer le jus de citron vert et les feuilles de menthe.

Au premier bouillon, arrêtez la cuisson, laissez infuser 10 min puis retirez les feuilles de menthe.

Ajoutez 75 g de sucre, les zestes de citron vert et le rhum et remettez sur le feu.

Dans un bol, fouettez les œufs et 100 g de sucre.

Quand le liquide bout, ajoutez-le sur les œufs en continuant de fouetter, puis reversez le tout dans la casserole. Chauffez sur feu doux en remuant jusqu'à ce que le mélange épaississe.

Ajoutez la gélatine essorée et mélangez. Laissez refroidir jusqu'à 37 °C. →

POUR 6 PERSONNES

PRÉPARATION
45 minutes

CUISSON
40 minutes

REPOS
5 heures 30

→ Ajoutez le beurre mou puis mixez à l'aide d'un mixeur plongeant.

Ajoutez des feuilles de menthe ciselées et mélangez.

Déposez le crémeux dans le fond de tarte précuite et réservez au moins 3 h au frais.

Pour faire la meringue italienne, versez les blancs d'œufs dans la cuve du robot et commencez à monter les blancs en neige, vitesse minimum.

Mettez le sucre et 40 g d'eau dans une casserole, lorsque le sirop atteint 110 °C, mettez le fouet à pleine vitesse.

Disposez la meringue italienne et décorez avec de fines tranches de citron et des feuilles de menthe fraîche.

GASPACHO TOMATE FRAISE

et mozzarella di bufala

INGRÉDIENTS

800 g de tomates fraîches
250 g de fraises
3 cuil. à soupe d'huile d'olive
1 gousse d'ail
1 cuil. à soupe de vinaigre balsamique blanc
2 tranches de pain (entre 50 g et 100 g)
Sel, poivre
Basilic
3 mozzarellas di bufala
Des tomates cerises et des fraises pour la décoration

USTENSILE

Blender

Commencez par ébouillanter, peler et épépiner les tomates puis réservez.

Lavez et coupez les fraises en deux.

Épluchez et dégermez l'ail.

Dans un bol, mettez les tomates, les fraises, l'huile d'olive, l'ail, 10 feuilles de basilic, le sel et faites macérer au frais pendant toute une nuit.

Vous pouvez passer cette étape si vous manquez de temps.

Dans le bol du blender, mettez la préparation sans le jus et sans les feuilles de basilic, ajoutez le vinaigre, le pain, le poivre et mixez afin d'obtenir une préparation bien homogène. Puis incorporez petit à petit, le jus de macération, tout en continuant de mixer.

Rectifiez l'assaisonnement et réservez au réfrigérateur, vous pouvez le conserver au frais pendant 2 jours.

Coupez la mozzarella en deux dans le sens de la longueur et disposez dans votre assiette à soupe.

Versez le gaspacho tout autour, décorez avec des tomates cerises, des fraises et des feuilles de basilic.

Ajoutez un filet d'huile d'olive sur le dessus de la mozzarella.

POUR 6 PERSONNES

PRÉPARATION
15 minutes

REPOS
2 heures

AUTOMNE

PLATS SALÉS

Parmentier d'automne — 93
Petits pains briochés citrouille — 95
Soupe de potimarron et chantilly au chèvre frais— 97
Tarte au potiron — 99
Chicken pie au butternut — 101
Gnocchis de potimarron au parmesan et à la sauge — 103

PLATS SUCRÉS

Cake marbré façon rocher — 105
Crème aux œufs de mon enfance — 107
Gâteau aux pommes et beurre salé — 109
Gâteau d'Halloween — 111
Brioche tressée — 113
Biscuits granola au chocolat — 115
Tarte bourdaloue — 117
Chouquettes — 119
Sablés aux pommes — 121
Muffins au muesli et aux myrtilles — 123
Salade d'automne — 125
Spéculoos — 127
Tarte fiadone aux figues — 129
Cookies aux cacahuètes et chocolat noir — 131

PARMENTIER

d'automne

INGRÉDIENTS

Pour le parmentier
750 g de potimarron
1 pomme de terre
50 g de beurre
4 épices
Cannelle

Pour le crumble aux noisettes
4 cuisses de canard confites
1 échalote
1 pomme
50 g de farine
50 g de chapelure
50 g de poudre de noisette
50 g de beurre mou
Une poignée de noisettes
Sel, poivre

Lavez, épépinez et coupez le potimarron en gros morceaux en laissant la peau. Épluchez et coupez la pomme de terre.

Plongez les légumes dans une casserole d'eau froide et portez à ébullition.

Cuisez pendant 30 min, sans oublier de planter une pointe de couteau dans le potimarron pour vérifier la cuisson.

Égouttez et écrasez les légumes à l'aide d'un presse-purée, en ajoutant les 50 g de beurre coupé en morceaux.

Salez, poivrez et assaisonnez de 4 épices et d'un peu de cannelle, réservez.

Épluchez et ciselez l'échalote.

Épluchez et coupez la pomme en petits cubes.

Enlevez la peau des cuisses de canard, effilez bien la viande et faites-la revenir dans une poêle avec l'échalote, jusqu'à obtenir une légère coloration. Ajoutez ensuite les morceaux de pomme, salez et poivrez.

Préchauffez le four à 180 °C.

Dans un bol, mélangez la farine, avec la poudre de noisette, la chapelure et du sel.

Ajoutez le beurre mou coupé en cubes et mélangez du bout des doigts, réservez.

Dans un plat à gratin ou des bocaux, disposez la viande puis recouvrez-la de purée.

Étalez la pâte à crumble et quelques noisettes concassées que vous aurez torréfiées au four pendant 5 min à 180 °C.

Mettez à cuire 15 à 20 min et servez accompagné d'une salade verte.

POUR 6 PERSONNES

PRÉPARATION
45 minutes

CUISSON
1 heure 05

PETITS PAINS BRIOCHÉS

citrouille

INGRÉDIENTS

1 potimarron
2 œufs
16 cl de lait
1 sachet de levure boulangère déshydratée
2 cuil. à soupe de sucre
500 g de farine
1 cuil. à café de sel
1 cuil. à café de 4 épices
120 g de beurre mou
1 jaune d'œuf
Huile de tournesol

USTENSILES

Ficelle pour cuisson
Cuisson vapeur
Robot
Cul-de-poule

La pâte des petites brioches est à réaliser la veille.

Lavez et coupez le potimarron en deux. Retirez les graines à l'aide d'une cuillère à soupe. Pelez et coupez le potimarron en morceaux, déposez-les dans un cuiseur vapeur et faites cuire 15 à 20 min.

Lorsque le potimarron est cuit, mixez-le ou écrasez-le à l'aide d'une fourchette afin d'obtenir une purée de 250 g. Réservez et laissez refroidir.

Dans le bol d'un robot, mélangez à l'aide d'une fourchette les œufs, le sucre, le lait à peine tiède, le sachet de levure et la purée de potimarron. Ajoutez la farine, le sel, les 4 épices et pétrissez pendant 10 min.

Ajoutez le beurre mou coupé en cubes et pétrissez pendant 10 min à vitesse moyenne. La pâte doit se décoller de la paroi du bol, être élastique et non collante. Formez une boule, déposez-la dans un cul de poule légèrement huilé, filmez au contact et laissez reposer environ 1 h à température ambiante, la pâte aura doublé de volume.

Placez le cul-de-poule au réfrigérateur pendant 30 min ou toute une nuit si vous avez préparé la pâte la veille. Cette étape vous permettra de manipuler la pâte plus facilement. Coupez 16 liens de ficelle de 30 cm et trempez-les dans l'huile de tournesol, réservez.

Sur un plan de travail fariné, déposez votre pâte à brioche. Divisez en 16 pâtons de 90 g et formez des boules. Ficelez chaque petite brioche en 8 en finissant par un nœud. Ne serrez pas trop la ficelle, car la brioche continuera de gonfler à la cuisson.

Déposez-les en les espaçant sur une plaque de cuisson recouverte de papier sulfurisé, utilisez deux plaques de cuisson. Couvrez et laissez reposer 45 min.

Préchauffez le four à 160 °C.

Dorez vos petites brioches au jaune d'œuf mélangé à 1 cuil. à café de lait. Faites cuire 15 à 20 min.

POUR
16
PETITS PAINS

PRÉPARATION	CUISSON	REPOS
2 heures 45	*40 minutes*	*1 heure 45*

SOUPE DE POTIMARRON

et chantilly au chèvre frais

INGRÉDIENTS

1 potimarron
4 carottes
1 bouillon cube de volaille
Cannelle en poudre
1 orange
25 cl de crème liquide entière
100 g de chèvre frais
Une poignée de noisettes
Huile d'olive
Sel, poivre

USTENSILES

Blender
Poche à douille

Lavez et coupez le potimarron en deux et retirez les graines.

Coupez la chair en cubes en conservant la peau.

Épluchez et lavez les carottes, coupez-les en tronçons.

Dans une cocotte, faites chauffer l'huile d'olive.

Faites revenir le potimarron et les carottes, puis recouvrez d'eau et ajoutez le bouillon cube de volaille. Laissez cuire à feu moyen pendant 20 min, les légumes doivent être tendres.

Dans un blender, mettez les légumes cuits, un peu de bouillon, le jus d'une orange et ½ cuil. à café de cannelle en poudre, mixez ensuite le tout. Ajustez l'onctuosité de votre soupe, en rajoutant du bouillon. Salez, poivrez et réservez.

Dans un bol, montez la crème liquide en chantilly.

Lorsqu'elle est bien ferme, ajoutez le chèvre frais délicatement, sel, poivre et mélangez.

Versez la soupe dans des verres.

À l'aide d'une poche à douille, disposez la chantilly sur la soupe avec quelques noisettes concassées.

Servez aussitôt.

POUR 6 VERRES

PRÉPARATION
30 minutes

CUISSON
20 minutes

TARTE
au potiron

INGRÉDIENTS

Pour la pâte
210 g de farine
130 g de beurre mou
90 g de sucre glace
50 g de noix de pécan
1 sachet de sucre vanillé
1 œuf
Une pincée de sel

Pour le flan
200 g de chair de potiron
2 œufs
125 g de sucre roux
175 g de mascarpone
2 cuil. à café d'extrait de vanille
1 cuil. à café de cannelle
½ cuil. à café de gingembre en poudre
Une pincée de noix de muscade

Épépinez et coupez le potiron en gros cubes.

Faites cuire le potiron à la vapeur pendant 20 min.

Une fois cuit, retirez la peau puis mixez la chair.

Laissez refroidir et réservez.

Pour réaliser la pâte, mixez 50 g de noix de pécan afin d'obtenir une poudre.

Dans un saladier, mélangez le beurre mou, le sucre glace, le sucre vanillé, le sel et la poudre de noix de pécan. Ajoutez l'œuf et la farine et mélangez jusqu'à obtenir une pâte lisse.

Formez une boule, couvrez-la de film alimentaire et réservez-la au réfrigérateur pendant 1 h.

Étalez la pâte sur un plan de travail fariné puis foncez-la dans un moule à tarte.

À l'aide d'une fourchette, piquez le fond de tarte et réservez au réfrigérateur pendant 1 h 30 min minimum.

Préchauffez le four à 180 °C.

Tapissez le fond de pâte de papier sulfurisé et de billes de cuisson (ou de haricots secs) et cuisez 15 min.

Baissez le four à 140 °C.

Pour le flan, battez dans un bol l'œuf, le jaune d'œuf, le sucre, la vanille et les épices.

Ajoutez le mascarpone et mélangez bien le tout.

Incorporez la purée de potiron froide et mélangez.

Versez la préparation sur le fond de tarte et faites cuire 40 à 50 min.

POUR 6 PERSONNES

PRÉPARATION	CUISSON	REPOS
15 minutes	*1 heure 25*	*2 heures 30*

CHICKEN PIE

au butternut

INGRÉDIENTS

250 g de farine
125 g de beurre
1 œuf
500 g de butternut
250 g de champignons frais
5 filets de poulet
1 jaune d'œuf
30 cl de bouillon de volaille
25 g de farine
250 g crème fraîche épaisse
Huile d'olive
Noix de beurre
2 échalotes
Thym, romarin
Noix de muscade
Sel, poivre

USTENSILES

Robot
Sauteuse

Dans le bol du robot, mettez la farine, le sel et les 125 g de beurre coupé en morceaux et mélangez.

Ajoutez l'œuf, 2 cuil. à soupe d'eau et mélangez à nouveau jusqu'à obtenir une boule.

Aplatissez légèrement la pâte, filmez-la et réservez au réfrigérateur 1 h minimum.

Préchauffez le four à 180 °C.

Épluchez et coupez la courge en petits cubes.

Disposez-les sur une plaque recouverte de papier sulfurisé. Arrosez les cubes d'un filet d'huile d'olive, sel, poivre et saupoudrez de thym.

Faites cuire 15 min puis laissez refroidir.

Émincez les échalotes et les champignons préalablement lavés, puis réservez.

Coupez les filets de poulet en lanières de 2 cm et dorez-les dans une sauteuse avec 2 cuil. à soupe d'huile d'olive, une noix de beurre et une branche de romarin pendant 5 min, salez et poivrez.

Ajoutez les échalotes et les champignons, 2 pincées de noix de muscade et cuisez à feu vif pendant 5 min.

Versez la farine dans la sauteuse, puis la crème et délayez avec le bouillon de volaille.

Rectifiez l'assaisonnement et laissez mijoter 10 min à feu doux.

Ajoutez les cubes de butternut et laissez refroidir.

Versez la préparation dans des ramequins ou dans un plat de cuisson.

À l'aide d'un pinceau, humidifiez les bords du plat. →

POUR 6 PERSONNES

PRÉPARATION
30 minutes

CUISSON
1 heure

REPOS
2 heures

→ Étalez la pâte sur un plan de travail fariné puis déposez-la sur le plat. Enlevez l'excédent de pâte à l'aide d'un couteau.

Soudez bien les bords et faites un trou au centre de la pâte pour permettre à la vapeur de s'échapper à la cuisson.

Avec le reste de pâte, faites une tresse avec deux bandes et posez-la sur le bord de la pâte tout autour.

Battez 1 jaune d'œuf avec 1 cuil. à soupe d'eau et badigeonnez la pâte.

Réservez au réfrigérateur pendant 1 h.

Enfournez la tarte dans le four et cuisez-la à 180 °C pendant 30 min.

Vous pouvez la servir accompagné d'une salade verte.

GNOCCHIS DE POTIMARRON

au parmesan et à la sauge

INGRÉDIENTS

2 pommes de terre moyennes
1 potimarron
1 œuf
300 g de farine
60 g de parmesan râpé
Une pincée de noix de muscade
60 g de beurre
10 feuilles de sauge
16 tranches de bacon
Huile d'olive
Une poignée de noisettes
Sel, poivre

Commencez par préchauffer le four à 180 °C.

Lavez les pommes de terre et mettez-les à cuire dans une casserole d'eau froide. Portez à ébullition. Laissez cuire pendant 30 min tout en vérifiant la cuisson. Égouttez vos pommes de terre, épluchez-les pour ensuite les écraser finement à l'aide d'un presse-purée. Réservez. Coupez le potimarron en deux, ôtez les graines puis coupez-le en quartiers. Disposez sur une plaque de cuisson et arrosez d'huile d'olive.

Faites cuire au four 30 min. N'hésitez pas à planter une pointe de couteau pour vérifier la cuisson qui doit être bien tendre. Écrasez finement la chair au presse-purée et versez la préparation dans un saladier.

Incorporez 150 g de votre purée de pommes de terre à votre écrasé de potimarron. Ajoutez alors le parmesan, une pincée de noix de muscade, l'œuf, la farine, sel, poivre puis mélangez le tout.

Farinez bien votre plan de travail avant d'y déposer votre pâte, elle risque de coller. Formez une boule. Prélevez un morceau de pâte puis réalisez des boudins de 2 cm de diamètre.

Coupez les boudins en petits morceaux de 2 cm de large et roulez-les délicatement dans la farine puis sur les dents d'une fourchette. Déposez les gnocchis sur un torchon propre et fariné.

Portez une casserole d'eau salée à ébullition. Plongez les gnocchis en petite quantité, afin d'éviter qu'ils ne collent entre eux.

Dès qu'ils remontent à la surface, récupérez-les à l'aide d'une écumoire puis réservez-les dans un plat. Ciselez finement les feuilles de sauge. Faites fondre le beurre avec les feuilles de sauge à feu doux. Laissez infuser et réservez.

Coupez le bacon en fines lamelles et faites-les rôtir dans une poêle avec un peu d'huile d'olive, puis réservez. Poêlez les gnocchis avec le beurre de sauge tout en remuant de temps en temps, laissez dorer. Ajoutez le bacon, des noisettes concassées et servez accompagné d'une salade verte.

POUR
4
PERSONNES

PRÉPARATION
30 minutes

CUISSON
1 heure 15

CAKE MARBRÉ

façon rocher

d'après la recette de François Perret

INGRÉDIENTS

Pour la pâte à la vanille
80 g de beurre mou
125 g de sucre en poudre
1 œuf
1 gousse de vanille
125 g de farine
3 g de levure chimique
115 g de crème liquide entière
Une pincée de sel

Pour la pâte au chocolat
80 g de beurre mou
110 g de sucre en poudre
1 œuf
22 g de cacao en poudre
125 g de farine
3 g de levure
115 g de crème liquide entière
Une pincée de sel

Pour le glaçage (facultatif)
225 g de chocolat noir ou au lait
40 g de d'huile de pépins de raisin ou d'huile de tournesol
100 g de pralin

USTENSILES

Robot
Poche à douille
Moule à cake de 28 cm

Le cake est à faire la veille si vous souhaitez mettre le glaçage.

Préchauffez le four à 150 °C.

Pour réaliser la pâte à la vanille, mélangez le beurre mou, le sucre et le sel dans le bol du robot. Fendez la gousse de vanille en deux et récupérez les grains, incorporez-les dans la préparation. Ajoutez l'œuf et mélangez. Tout en continuant de mélanger, versez la farine, la levure et enfin la crème liquide. Mettez la préparation dans une poche à douille et réservez.

Pour réaliser la pâte au chocolat, mélangez le beurre mou, le sucre et le sel dans le bol du robot.

Ajoutez l'œuf et mélangez. Tout en continuant de mélanger, versez la farine, le cacao, la levure et enfin la crème liquide. Mettez la préparation dans une poche à douille et réservez.

Chemisez le moule à cake de papier sulfurisé. Mettez un trait de pâte à la vanille au centre du moule puis ajoutez un trait de pâte au chocolat par-dessus et ainsi de suite. Tapotez le moule à cake contre une table pour bien répartir la pâte dans le moule.

Mettez à cuire 1 h, la pointe de votre couteau doit ressortir sèche lorsque le cake est bien cuit. Enveloppez-le encore chaud dans du film alimentaire jusqu'au lendemain.

Avant d'appliquer le glaçage, mettez le cake au congélateur pendant 1 h. Pour réaliser le glaçage, faites fondre le chocolat dans un bol au bain-marie. Ajoutez l'huile de pépins de raisin, le pralin et mélangez.

Posez le cake sur une grille puis sur une plaque de cuisson recouverte de papier sulfurisé. Recouvrez très rapidement le cake de glaçage, récupérez le chocolat tombé dessous pour le remettre sur le cake qui doit être entièrement recouvert. Si le glaçage s'épaissit, réchauffez-le 30 s au four à micro-ondes.

Réservez au frais jusqu'à la cristallisation du chocolat.

POUR 8 PERSONNES

PRÉPARATION
30 minutes

CUISSON
1 heure

REPOS
1 heure

CRÈME AUX ŒUFS

de mon enfance

INGRÉDIENTS

Pour le caramel
200 g de sucre

Pour la crème
4 œufs entiers
4 jaunes d'œufs
125 g de sucre
500 ml de lait entier
500 ml de crème liquide entière
1 gousse de vanille

Préchauffez d'abord le four à 180 °C.

Portez à ébullition le sucre et 50 g d'eau, puis faites cuire à feu doux jusqu'à l'obtention d'un caramel blond.

Répartissez le caramel dans des ramequins et laissez durcir.

Dans un saladier, mélangez à l'aide d'un fouet les œufs entiers, les jaunes d'œufs et le sucre.

Dans une casserole, portez à ébullition le lait, la crème liquide et la gousse de vanille préalablement fendue et grattée.

Versez le mélange lait-crème sur les œufs en mélangeant à l'aide d'un fouet. Laissez reposer 10 min, puis versez cette préparation dans les ramequins.

Placez-les ensuite dans un plat à gratin que vous remplirez d'eau jusqu'au trois quarts de la hauteur des pots.

Mettez à cuire au four pendant 30 min.

Vous pouvez obtenir un flan encore plus crémeux avec une cuisson plus douce : à 120 °C pendant 1 h.

Laissez refroidir et conservez au réfrigérateur.

POUR 12 RAMEQUINS

PRÉPARATION
15 minutes

CUISSON
1 heure

REPOS
1 heure

GÂTEAU AUX POMMES

et beurre salé

INGRÉDIENTS

1 yaourt au lait entier
3 pots de farine
1 sachet de levure chimique
1 pot de sucre en poudre
4 œufs
120 g de beurre
4 pommes
30 g de beurre salé
Fleur de sel

USTENSILES

Robot
Moule à manqué de 24 cm

Préchauffez d'abord le four à 180 °C.

Faites fondre les 120 g de beurre au four à micro-ondes et laissez-le refroidir.

Dans le bol de votre robot, mettez le yaourt, la farine, la levure chimique, le sucre et les œufs, mélangez le tout.

Ajoutez le beurre fondu et mélangez à nouveau.

Pelez, épépinez et coupez chacune des pommes en huit quartiers.

Versez la moitié de la pâte dans un moule à manqué beurré et déposez la moitié des pommes en rosaces.

Versez le reste de pâte et déposez les quartiers de pommes restantes.

Coupez les 30 g de beurre salé en petits morceaux et enfoncez-les dans la pâte entre les pommes.

Parsemez de fleur de sel.

Faites cuire pendant 35 à 40 min.

POUR 6 PERSONNES

PRÉPARATION
15 minutes

CUISSON
40 minutes

ENJOY
LIFE

GÂTEAU
d'Halloween

INGRÉDIENTS

Pour le gâteau
4 œufs
180 g de sucre
190 g de farine
60 g de cacao en poudre
250 g de crème liquide entière bien froide
12 g de levure chimique
Une pincée de sel

Pour les meringues fantômes
2 œufs
60 g de sucre semoule
60 g de sucre glace
Pépites de chocolat noir ou petits yeux en sucre

Pour la crème chantilly au mascarpone
250 g de mascarpone
200 g de crème liquide entière
60 g de sucre glace
Vanille en poudre

USTENSILES

Moule à manqué de 15 cm de diamètre et de 10 cm de hauteur
Robot
Poche à douille lisse de 6 mm de diamètre
Batteur

Les meringues fantômes sont à réaliser la veille du gâteau.

Préchauffez le four à 90 °C.

Séparez les jaunes des blancs.

Commencez à fouetter les blancs d'œufs avec une pincée de sel. Lorsqu'ils commencent à mousser, incorporez le sucre semoule en trois fois, finissez de fouetter en utilisant la puissance maximum de votre robot jusqu'à obtenir un mélange brillant.

Tamisez le sucre glace et incorporez délicatement à la maryse pour ne pas faire redescendre la meringue.

Placez votre meringue dans la poche à douille.

Sur une plaque de cuisson recouverte d'une feuille de papier sulfurisé, pochez vos petits fantômes en laissant une petite pointe vers le haut.

Pour faire les yeux, ajoutez 2 pépites de chocolat ou des petits yeux en sucre du commerce et faites cuire 1 h 30 en ouvrant le four de temps en temps pour évacuer l'humidité.

Pour réaliser le gâteau, préchauffez le four à 150 °C.

Pour obtenir une crème chantilly bien ferme, la crème liquide doit être placée au réfrigérateur. Votre bol ainsi que les fouets doivent être placés au congélateur 30 min avant de commencer la chantilly.

Dans le bol de votre robot, fouettez les œufs et le sucre pendant 15 min.

Le mélange doit blanchir et doubler de volume.

Dans un bol, tamisez la farine, la levure chimique et le cacao en poudre. À l'aide d'une maryse, incorporez délicatement au mélange œufs et sucre.

Montez la crème chantilly et ajoutez-la à votre pâte en trois fois. Mélangez délicatement afin de ne pas faire retomber la chantilly. →

POUR **8** PERSONNES

PRÉPARATION	CUISSON	REPOS
1 heure 30	*2 heures 40*	*1 heure*

→ Chemisez un moule à gâteau avec du papier sulfu-
-isé pour que le gâteau puisse dépasser la hauteur du
noule. Placez un disque de papier sulfurisé dans le
ond du moule, versez la préparation dans le moule et
issez la pâte.

Cuisez pendant 1 h 10, n'ouvrez pas la porte du four
pendant la cuisson.

À la sortir du four, démoulez et retournez le gâteau
ur une grille à pâtisserie et laissez refroidir. Envelop-
pez-le dans du film alimentaire pour garder le moel-
eux.

À l'aide d'un batteur, fouettez la crème liquide et le
nascarpone à vitesse moyenne. Quand elle com-
nence à épaissir, ajoutez le sucre glace et les graines
le la gousse de vanille et augmentez la vitesse du bat-
eur.

Continuez de fouetter jusqu'à obtenir une chantilly
uffisamment ferme, réservez au réfrigérateur.

Coupez le gâteau en trois disques égaux. Déposez
sur le premier disque, ⅓ de crème en lissant bien, re-
couvrez du deuxième disque et déposez à nouveau ⅓
le crème. Ajoutez le dernier disque puis déposez la
crème restante.

À l'aide d'une spatule, lissez les parois et le dessus
lu gâteau. Laissez reposer au réfrigérateur jusqu'au
noment de servir, décorez avec les meringues
antômes et des petits yeux en sucre.

BRIOCHE

Tressée

INGRÉDIENTS

20 cl de lait
Fleur d'oranger
60 g de sucre
2 œufs
1 cuil. à café de sel
500 g de farine
25 g de levure fraîche ou 2 sachets de levure de boulangerie
100 g de beurre mou
1 jaune d'œuf
Sucre en grains

USTENSILE

Robot muni d'un crocet à pétrin ou cul-de-poule

Dans un verre, faites tiédir au four à micro-ondes le lait et la fleur d'oranger, le tout doit faire 20 cl. Le mélange ne doit pas être chaud.

Dans le bol de votre robot muni du crochet à pétrin, mettez le lait aromatisé à la fleur d'oranger, le sucre, le sel et les 2 œufs que vous aurez battus à la fourchette et mélangez.

Ajoutez la farine et la levure fraîche en petits morceaux et pétrissez pendant 10 min.

Ajoutez le beurre mou coupé en petits cubes, petit à petit en continuant de pétrir pendant 6 min.

La pâte va se décoller du bol, former une boule. Recouvrez d'un torchon et laissez pousser pendant 1 h dans un four à 30 °C ou 1 h 30 min dans une pièce chaude.

Une fois levée, réservez votre pâte 1 h au réfrigérateur.

Si vous n'avez pas de robot, mélangez le tout dans un cul-de-poule et sur un plan de travail fariné, pétrissez à la main, en respectant les indications précédentes. On écrase la pâte, on reforme une boule et ainsi de suite. La pâte sera collante, mais elle va progressivement devenir lisse et élastique. N'ajoutez pas de farine sinon votre brioche sera dure et sèche.

Divisez la pâte en trois morceaux égaux et formez des boudins de même longueur.

Sur une plaque recouverte de papier de cuisson, disposez les boudins et tressez la brioche sans trop serrer.

Couvrez-la d'un torchon humide et laissez pousser 45 min.

Préchauffez le four à 160 °C.

Dorez la brioche au jaune d'œuf et saupoudrez de sucre en grains.

Faites cuire 30 min et laissez refroidir.

POUR **8** PERSONNES

PRÉPARATION	CUISSON	REPOS
30 minutes	*30 minutes*	*2 heures 45*

BISCUITS GRANOLA

au chocolat

d'après une recette de Benoît Molin

INGRÉDIENTS

100 g de farine semi-complète bio
50 g de farine de châtaigne
50 g de farine blanche
100 g de beurre
70 g de sucre roux
1 sachet de sucre vanillé
1 œuf
1 cuil. à café de bicarbonate de soude
125 g de chocolat au lait

USTENSILE

Robot

Dans le bol du robot, mélangez les 3 farines et le bicarbonate de soude. Si vous n'avez pas de farine de châtaigne, vous pouvez la remplacer par de la farine blanche.

Ajoutez le sucre roux, le sucre vanillé et l'œuf, mélangez.

Incorporez le beurre coupé en dés à température ambiante, mélangez jusqu'à obtenir une boule de pâte.

Disposez ensuite votre pâte sur un papier sulfurisé et formez un boudin bien régulier de 6 cm de diamètre. Enveloppez-le dans un film alimentaire et laissez reposer au réfrigérateur pendant au moins 1 h.

Préchauffez le four à 180 °C.

Sur un plan de travail fariné, déposez le boudin et découpez-le en rondelles de 5 mm d'épaisseur. Déposez les rondelles sur une plaque à pâtisserie recouverte de papier de cuisson.

Faites cuire 12 à 15 min.

À la sortie du four, laissez les sablés refroidir sur une grille.

Faites ensuite fondre le chocolat au bain-marie.

À l'aide d'une petite cuillère, versez du chocolat sur chaque sablé, étalez et posez sur une plaque à pâtisserie. Mettez-les au réfrigérateur pour figer le chocolat.

Les biscuits Granola se conserveront plusieurs semaines dans une boîte hermétique.

POUR **20** BISCUITS

PRÉPARATION
30 minutes

CUISSON
15 minutes

REPOS
1 heure

TARTE
bourdaloue

INGRÉDIENTS

Pour les poires pochées
4 poires
300 g de sucre
1 gousse de vanille
1 bâton de cannelle
1 étoile de badiane

Pour la pâte
100 g de beurre mou
80 g de sucre glace
200 g de farine
25 g de poudre d'amande
1 œuf
Une pincée de sel

Pour la crème d'amande
100 g de beurre mou
100 g de poudre d'amande
100 g de sucre glace
100 g d'œufs
Vanille en poudre
1 cuil. à soupe de rhum

USTENSILE

Robot

Commencez par les poires pochées. Dans un faitout, faites bouillir 1,5 litre d'eau, le sucre et les épices.

Épluchez les poires, puis plongez-les dans le sirop frémissant et laissez cuire 20 à 30 min.

Une fois cuites, égouttez-les en gardant 20 cl de jus et laissez refroidir.

Dans une casserole, faites réduire le sirop de deux tiers, laissez refroidir.

Préparez votre pâte à l'aide du robot. Mélangez le beurre mou et le sucre glace, puis ajoutez la farine, la poudre d'amande, l'œuf et le sel, et mélangez à nouveau.

Formez une boule et enveloppez-la dans du film alimentaire.

Réservez au frais pendant 30 min.

Sur un plan de travail fariné, étalez votre pâte puis disposez-la dans votre plat à tarte, piquez bien à l'aide d'une fourchette et réservez au frais pendant 30 min.

Pour la crème d'amande, à l'aide d'une spatule, mélangez le beurre mou, le sucre et la vanille en poudre, bien crémer. Ajoutez la poudre d'amande et mélangez. Ajoutez vos œufs en trois fois, mélangez et ajoutez le rhum.

Préchauffez le four à 180 °C.

Garnissez votre fond de tarte de la crème d'amande.

Coupez les poires en deux, retirez le cœur et émincez-les en les gardant entières.

Déposez les poires sur la crème d'amande, saupoudrez d'amandes effilées.

Faites cuire pendant 20 à 30 min.

À la sortie du four, nappez de sirop et laissez refroidir.

POUR 6 PERSONNES

PRÉPARATION
30 minutes

CUISSON
1 heure

REPOS
1 heure

HOME

CHOUQUETTES

INGRÉDIENTS

80 g de beurre
150 g de farine
4 œufs
1 jaune d'œuf
1 cuil. à café de lait
Sucre en grains
Une pincée de sel

USTENSILE

Poche à douille

Mettez dans une casserole 250 g d'eau, le beurre coupé en morceaux et la pincée de sel puis portez à ébullition.

Hors du feu, ajoutez la farine en une seule fois et mélangez bien à l'aide d'une cuillère en bois.

Remettez la casserole sur feu doux et remuez pendant 5 min jusqu'à ce que la pâte se décolle des parois et formez une boule. Retirez ensuite du feu.

Versez la pâte dans un bol et laissez refroidir 5 min.

Ajoutez les œufs un à un dans le bol en battant énergiquement entre chaque œuf.

Disposez votre pâte dans une poche à douille. Si vous n'avez pas de poche à douille, réalisez vos choux à l'aide d'une cuillère à soupe.

Préchauffez le four à 160 °C.

Sur une plaque de cuisson recouverte de papier sulfurisé, formez des choux de même taille en les disposant en quinconce pour obtenir une cuisson bien homogène.

Dorez les choux avec le mélange du jaune d'œuf et du lait, puis saupoudrez de grains de sucre.

Faites cuire 45 min.

N'ouvrez pas le four pendant la cuisson, au risque de voir vos choux retomber !

POUR 20 CHOUQUETTES

PRÉPARATION
20 minutes

CUISSON
45 minutes

SABLÉS

aux pommes

INGRÉDIENTS

Pour la compote
500 g de pommes
1 cuil. à soupe de sucre
1 sachet de sucre vanillé
ou 2 pots de compote de pommes sans sucre

Pour la pâte sablée
200 g de farine
150 g de beurre mou
70 g de sucre glace
30 g de poudre d'amande
1 œuf
Une pincée de sel

USTENSILES

Mixer
Robot
Emporte-pièce de 8 cm de diamètre

Réalisez la compote la veille du sablé.

Épluchez, épépinez et coupez les pommes en quartiers.

Déposez les morceaux de pommes dans une casserole en y ajoutant 150 g d'eau, le sucre et le sucre vanillé.

Faites cuire à couvert pendant 20 min en remuant de temps en temps et rajoutez un peu d'eau si nécessaire.

Une fois cuite, passez la compote au mixer. Laissez refroidir.

Pour la pâte du sablé, à l'aide du robot, mélangez le beurre mou, le sucre glace, la poudre d'amande, l'œuf et la pincée de sel.

Ajoutez la farine et mélangez jusqu'à l'obtention d'une pâte homogène et collante. Formez une boule et enveloppez-la dans du film alimentaire. Réservez au frais pendant 1 h.

Sur un plan de travail fariné, étalez votre pâte et à l'aide d'un emporte-pièce, découpez des disques, puis déposez-les sur une plaque de cuisson recouverte de papier sulfurisé.

À l'aide d'un pinceau, humidifiez les bords, déposez 1 cuil. à café de compote et déposez par-dessus un autre disque de pâte, soudez le bord en pressant avec votre doigt.

Remettez au frais pendant 30 min.

Préchauffez le four à 170 °C.

Faites cuire pendant 25 à 30 min, les sablés doivent être dorés.

POUR **8** SABLÉS

PRÉPARATION
30 minutes

CUISSON
50 minutes

REPOS
1 heure 30

MUFFINS AU MUESLI

et aux myrtilles

INGRÉDIENTS

125 g de farine blanche
125 g de farine d'épeautre
50 g de flocons d'avoine
75 g de cassonade
1 cuil. à café de bicarbonate de soude
1 sachet de levure chimique
1 cuil. à café de cannelle
½ cuil. de noix de muscade
1 sachet de sucre vanillé
2 œufs
200 ml de lait ribot ou un yaourt grec
1 compote de pommes sans sucre ajouté
75 ml d'huile de tournesol
1 pomme râpée
250 g de myrtilles fraîches ou surgelées
Une pincée de sel

USTENSILES

Râpe à gros trous
Moules à muffins
Caissettes en papier

Dans un grand bol, mettez tous les ingrédients secs et mélangez.

Dans un second bol, mettez les œufs, le lait ribot, la compote de pommes, l'huile et une pomme que vous aurez râpée à l'aide d'une râpe à gros trous et mélangez.

Incorporez les ingrédients secs dans le second bol et mélangez à l'aide d'une cuillère sans trop insister.

Réservez au réfrigérateur pendant 30 min.

Préchauffez le four à 210 °C.

Dans un moule à muffins, disposez vos caissettes en papier.

Mettez 1 cuil. à soupe de pâte, quelques myrtilles, puis répétez l'opération en finissant par des myrtilles et saupoudrez de flocons d'avoine.

Si vous utilisez des myrtilles surgelées, ne les mélangez pas à votre préparation pour éviter que la pâte ne bleuisse.

La caissette doit être remplie jusqu'au trois quarts.

Mettez les muffins au four et faites cuire 5 min puis réduisez la température à 160 °C. Poursuivez la cuisson pendant 25 à 30 min.

Sortez les muffins du four et laissez refroidir 10 min.

POUR 8 MUFFINS

PRÉPARATION
15 minutes

CUISSON
35 minutes

REPOS
30 minutes

SALADE

d'automne

INGRÉDIENTS

Pour la salade
1 butternut
16 tranches de bacon
100 g de noix de pécan
1 sachet de mâche
Sirop d'érable
Huile d'olive
½ cuil. à café de cannelle en poudre
100 g de comté

Pour la vinaigrette
4 cuil. à soupe d'huile d'arachide
2 cuil. à soupe de vinaigre de cidre
1 échalote
Sel, poivre

Préchauffez d'abord le four à 180 °C.

Puis épluchez et coupez la courge en petits cubes. Disposez-les sur une plaque recouverte de papier sulfurisé.

Arrosez d'un filet d'huile d'olive, sel, poivre et saupoudrez d'un peu de cannelle.

Faites cuire 30 min jusqu'à ce que les morceaux soient tendres.

Sortez du four et laissez refroidir.

Abaissez le four à 160 °C.

Mélangez les noix de pécan avec 3 cuil. à soupe de sirop d'érable.

Versez le mélange sur une plaque de cuisson recouverte de papier de cuisson et faites cuire 15 min. Laissez refroidir et réservez.

Déposez les tranches de bacon dans une poêle et faites-les griller.

Laissez refroidir puis découpez le bacon en lanières.

Lavez soigneusement la salade à plusieurs eaux et égouttez-la.

Dans un bol, préparez la vinaigrette : mettez l'huile, le vinaigre, l'échalote ciselée finement, 2 cuil. à soupe de sirop d'érable, sel et poivre.

Dans 4 assiettes, déposez de la mâche, quelques cubes de butternut rôtis, du bacon, des noix de pécan et des cubes de comté.

Arrosez l'ensemble d'un filet de vinaigrette.

POUR 4 PERSONNES

PRÉPARATION
20 minutes

CUISSON
55 minutes

SPÉCULOOS

INGRÉDIENTS

500 g de farine
250 g de beurre mou coupé en cubes
225 g de vergeoise brune ou de cassonade
1 cuil. à café de bicarbonate de soude
3 cuil. à soupe de cannelle
½ cuil. à café de muscade
½ cuil. à café d'anis
Une pincée de clou de girofle
1 cuil. à soupe de chicorée liquide
Une pincée de sel

USTENSILES

Robot
Emporte-pièce

Dans le bol de votre robot, mettez tous les ingrédients et mélangez. Ajoutez de l'eau à l'aide d'une cuillère à soupe, au fur et à mesure, jusqu'à obtenir une boule de pâte.

Divisez la pâte en 4 boules, enveloppez-les dans du film alimentaire et réservez au réfrigérateur pendant 1 h.

Préchauffez le four à 180 °C.

Sur un plan de travail fariné, étalez la pâte sur 4 mm d'épaisseur et découpez des formes au choix.

Déposez sur une plaque de cuisson recouverte de papier sulfurisé et mettez à cuire pendant 10 à 12 min suivant le four.

Laissez refroidir sur une grille.

Les spéculoos se conserveront plusieurs semaines dans une boîte hermétique.

POUR 30 SPÉCULOOS

PRÉPARATION
30 minutes

CUISSON
12 minutes

REPOS
1 heure

MON PETIT GOÛTER
gourmand

TARTE FIADONE

aux figues

INGRÉDIENTS

250 g de farine
125 g de beurre
150 g de sucre en poudre
1 sachet de sucre vanillé
500 g de brousse
500 g de figues fraîches
4 œufs
25 g de fécule de maïs
Les zestes de 1 orange non traitée
1 gousse de vanille
Une pincée de sel

USTENSILE

Robot

Dans le bol du robot, mettez la farine et le beurre ramolli coupé en morceaux. Ajoutez la pincée de sel, 25 g de sucre en poudre et le sachet de sucre vanillé et mélangez pendant 5 min.

Ajoutez 1 œuf, 2 cuil. à soupe d'eau et mélangez jusqu'à obtenir une boule.

Aplatissez légèrement la pâte, filmez-la et réservez au réfrigérateur 1 h.

Sur un plan de travail fariné, étalez votre pâte et disposez-la dans un moule à tarte. À l'aide d'une fourchette, piquez la pâte et réservez au frais.

Dans un saladier, battez 3 œufs avec 125 g de sucre en poudre. Ajoutez la fécule de maïs et mélangez bien afin de ne pas avoir de grumeaux. Incorporez la brousse, les zestes de l'orange, les grains de la gousse de vanille que vous aurez fendue en deux et grattée à l'aide de la pointe d'un couteau, mélangez.

Préchauffez le four à 180 °C.

Versez l'appareil à flan sur la pâte et faites cuire 30 min.

Laissez refroidir et décorez le fiadone avec des figues coupées en deux.

Avec les figues restantes, vous pouvez faire une compotée en accompagnement.

POUR 6 PERSONNES

PRÉPARATION
20 minutes

CUISSON
30 minutes

REPOS
1 heure

COOKIES AUX CACAHUÈTES

et chocolat noir

INGRÉDIENTS

220 g de farine
40 g de vergeoise blonde
40 g de cassonade
110 g de beurre mou
1 gros œuf ou 2 petits œufs
50 g de beurre de cacahuète
⅔ cuil. à café de bicarbonate de soude
4 g de fleur de sel
1 cuil. à soupe de vanille liquide
100 g de cacahuètes non salées
200 g de chocolat noir en tablette

Dans un bol, battez le beurre mou avec la vergeoise, la cassonade et le beurre de cacahuète. Ajoutez les œufs, la vanille puis mélangez.

Mettez la farine, le bicarbonate et la fleur de sel, mélangez sans trop insister.

Ajoutez les cacahuètes et les ⅔ du chocolat noir cassé en morceaux.

Préchauffez le four à 180 °C.

Réservez votre pâte pendant 30 min au réfrigérateur.

À l'aide d'une cuillère à glace, formez des boules et disposez-les sur une plaque recouverte de papier de cuisson. Parsemez de quelques morceaux de chocolat.

Faites cuire 9 min, à la sortie du four, les cookies doivent être encore mous, ils resteront moelleux en refroidissant.

POUR 12 COOKIES

PRÉPARATION
15 minutes

CUISSON
9 minutes

REPOS
30 minutes

HIVER

PLATS SALÉS

Bœuf à la bière et au pain d'épices — 135
Gravlax de saumon à l'aneth — 137
Panna cotta au chou-fleur et au saumon — 139
Rillettes aux deux saumons — 141
Terrine de foie gras aux pommes et épices de Noël— 143
Pain aux flocons d'avoine — 145

PLATS SUCRÉS

Mousse de fromage frais et sucre aux épices— 147
Brioches suédoises à la cardamome et cannelle — 149
Galette des Rois — 151
Sablés aux épices — 153
Carrot cake — 155
Chocolat chaud et guimauves à la fleur d'oranger — 157
Brioche aux épices de Noël — 159
Bûche aux pistaches et framboises — 161
Fudje au chocolat, amandes, noisettes et pistaches — 163
Gâteau aux clémentines et cardamome — 165
Mannele de la Saint-Nicolas — 167
Pain d'épices — 169
Sablés de Noël — 171
Vanille Kipferl — 173

BŒUF À LA BIÈRE

et au pain d'épices

INGRÉDIENTS

1,5 kg de joue de bœuf
66 cl de bière brune
(Guinness Foreign Extra Stout)
25 cl de bouillon de bœuf
2 carottes
1 branche de céleri
2 petits oignons
4 feuilles de laurier
2 branches de thym
Farine
2 pâtes feuilletées
Beurre
Huile de tournesol
5 tranches de pain d'épices
1 jaune d'œuf
Sel, poivre

USTENSILES

Cocote en fonte
Emporte-pièce en étoile

Commencez la préparation de votre bœuf la veille.

Épluchez et coupez les carottes en tronçons, épluchez et émincez les oignons puis lavez la branche de céleri. Réservez.

Coupez les joues de bœuf en cubes de 3 cm. Dans une cocotte en fonte, faites chauffer du beurre et de l'huile. Quand elle est bien chaude, faites revenir la moitié du bœuf. Lorsque les morceaux sont bien dorés, réservez-les dans un plat et recommencez l'opération avec l'autre moitié de bœuf.

Remettez les cubes de joue de bœuf rôtis dans la cocotte ainsi que les oignons, les carottes, le céleri, ajoutez le laurier, le thym, du sel, du poivre et saupoudrez de 2 cuil. à soupe de farine. Remuez puis versez la bière et le bouillon de bœuf. Portez à ébullition, puis faites cuire à feu doux pendant 2 h 30 min. Laissez refroidir et réservez au réfrigérateur.

Le lendemain, mettez la cocotte à chauffer sur feu doux. Ajoutez le pain d'épices coupé en cubes et laissez mijoter pendant 1 h.

Préchauffez le four à 180 °C.

Dans la première pâte feuilletée, coupez des cercles du diamètre de vos ramequins, déposez-les sur une plaque de cuisson recouverte de papier sulfurisé puis dorez au jaune d'œuf. À l'aide d'un emporte-pièce, découpez des étoiles dans la seconde pâte feuilletée et déposez-les sur les cercles. Dorez de nouveau et réservez au réfrigérateur.

Faites cuire les feuilletés pendant 10 à 15 min. Déposez-les sur les ramequins remplis de bœuf mijoté.

Servez accompagné d'un écrasé de pommes de terre au beurre, de crème fraîche et ciboulette ou d'une salade verte.

POUR 6 PERSONNES

PRÉPARATION	CUISSON	REPOS
30 minutes	*3 heures 45*	*12 heures*

GRAVLAX

de saumon à l'aneth

INGRÉDIENTS

Pour le gravlax

2 pavés de saumon frais, épais de 700 g, sans arêtes, sans écailles, mais avec la peau
100 g de gros sel
100 g de sucre roux
1 botte d'aneth fraîche

Pour la sauce de 1 pavé

1 bouquet de ciboulette fraîche
250 g de fromage blanc
Le jus de ½ citron
Quelques baies roses concassées
Sel, poivre

Rincez et épongez les pavés de saumon. Dans un bol, mélangez le sel, le sucre, la moitié de la botte d'aneth ciselée très finement et le poivre.

Posez le premier pavé de saumon, côté peau, dans un plat creux. Versez le mélange sel, sucre, aneth sur le pavé en prenant soin de bien appuyer sur la chair. Recouvrez avec l'autre pavé de saumon et enveloppez le plat de film alimentaire. Posez une petite planche surmontée d'un poids sur vos pavés. Réservez 48 h au réfrigérateur.

Au bout de 24 h, retournez le saumon et videz l'eau du plat. Remettez du film alimentaire et couvrez à nouveau de la planche surmontée d'un poids.

Une fois les 48 h passées, grattez l'aneth et passez chaque pavé sous l'eau froide pendant 1 min. Épongez les pavés avec du papier absorbant.

Posez le premier pavé côté peau et recouvrez du reste d'aneth ciselé finement. Posez le second pavé par-dessus, la peau vers le haut. Enveloppez le tout dans du film alimentaire en le serrant bien.

Réservez au réfrigérateur jusqu'au moment de servir.

Dans un bol, mélangez le fromage blanc, la ciboulette hachée finement, le jus de citron, du poivre, les baies roses et une pincée de sel. Le saumon sera déjà salé !

Sortez le saumon, posez un pavé sur une planche. À l'aide d'un couteau souple, coupez des tranches de ½ cm d'épaisseur et disposez-les dans une assiette accompagnée de sauce et de fines tranches de pain de seigle.

Servez avec un verre de vodka.

Le saumon se conserve ainsi au réfrigérateur une à deux semaines.

POUR 6 PERSONNES

PRÉPARATION
20 minutes

REPOS
48 heures

PANNA COTTA AU CHOU-FLEUR

et au saumon

INGRÉDIENTS

500 g de chou-fleur
2 feuilles de gélatine
25 cl de crème liquide entière
100 g de saumon fumé
1 boîte d'œufs de saumon (facultatif)
Aneth
Sel, poivre
Piment d'Espelette

USTENSILES

Cuit-vapeur
Blender

Enlevez les feuilles vertes et détaillez le chou-fleur en bouquets. Faites cuire dans un cuit-vapeur pendant 30 min.

Faites ramollir les feuilles de gélatine dans un bol d'eau froide.

Versez la crème liquide dans une casserole, mettez à bouillir. Retirez du feu, ajoutez les feuilles de gélatines essorées et mélangez.

Dans un blender, mettez le chou-fleur, la moitié du saumon et le mélange crème liquide-feuille de gélatine, mixez pour obtenir un mélange bien onctueux.

Assaisonnez de poivre et de piment d'Espelette. Goûtez avant de mettre le sel, le saumon est souvent très salé.

Remplissez les coupes ou verrines et réservez au frais au réfrigérateur toute une nuit.

Au moment de servir, ajoutez des cubes de saumon fumé, des œufs de saumon et une branche d'aneth.

POUR 8 VERRINES

PRÉPARATION
20 minutes

CUISSON
30 minutes

REPOS
12 heures

RILLETTES

aux deux saumons

INGRÉDIENTS

500 g de saumon frais
250 g de saumon fumé
175 g de crème fraîche
1 citron
2 cuil. à soupe de ciboulette
1 cuil. à soupe d'aneth
2 pincées de piment d'Espelette
Court-bouillon de poisson
Sel, poivre

Faites cuire le saumon frais au court-bouillon pendant 5 à 7 min, la chair doit pouvoir se détacher à l'aide d'une fourchette.

Égouttez-le et laissez-le refroidir.

À l'aide d'un couteau, hachez finement le saumon fumé, réservez. Émiettez le saumon à l'aide d'une fourchette.

Dans un saladier, mélangez les 2 saumons, la crème fraîche, le jus du citron, les herbes et la pincée de piment d'Espelette. Salez et poivrez. Réservez au frais.

Servez avec des blinis ou du pain de seigle toasté.

POUR 7 PERSONNES

PRÉPARATION
15 minutes

CUISSON
7 minutes

★ LECON DE BONHEUR ★

TERRINE DE FOIE GRAS

aux pommes et épices de Noël

INGRÉDIENTS

1 lobe de foie gras extrafrais d'environ 500 g
ou un foie gras déveiné
10 g de sel
5 g de poivre
Mélange pour pain d'épices
10 cl de calvados
6 pommes
20 g de beurre
Sucre en poudre

USTENSILE

Terrine

Si vous avez acheté un foie gras déveiné, passez l'étape suivante.

Sortez le foie gras du réfrigérateur 1 h avant de le travailler afin qu'il soit malléable.

Séparez le lobe principal du lobe inférieur en l'arrachant délicatement, le foie s'ouvre en laissant apparaître le chemin veineux.

Soulevez la veine principale qui traverse tout le foie sur toute sa longueur puis tirez doucement en vous aidant de la pointe d'un couteau. Ôtez les veines restantes, il ne doit pas en rester. La deuxième grosse veine se trouve sur le milieu du lobe, à l'endroit où était rattaché le petit lobe.

Faites la même chose avec le petit lobe.

Une fois vos lobes déveinés, disposez les lobes restés ouverts dans un plat à gratin, ajoutez les épices, sel et poivre, puis arrosez de calvados.

Filmez et laissez mariner toute une nuit au réfrigérateur.

Épluchez et coupez 4 pommes en quartiers. Faites-les revenir dans le beurre pendant quelques minutes, saupoudrez-les de 1 cuil. à soupe de sucre en poudre et de mélange à pain d'épices. Elles doivent légèrement colorer, réservez.

Sortez le foie gras du réfrigérateur et laissez-le revenir à température ambiante pendant 30 min.

Préchauffez le four à 150 °C.

Retirez le film alimentaire et faites cuire le foie gras pendant 7 min. Éteignez le four et laissez-y le foie pendant 3 min, il va perdre son gras. Sortez le foie du four et disposez-en la moitié dans une terrine, en le tassant bien. →

POUR 6 PERSONNES

PRÉPARATION *30 minutes*

CUISSON *7 minutes*

REPOS *24 heures*

→ Ne mettez pas la graisse dans la terrine, réservez-la
lans un bocal.

\joutez les pommes, puis le reste de foie gras.

Recouvrez d'un film alimentaire puis tassez le foie
vec un couvercle à la dimension de l'intérieur de la
errine. Vous pouvez confectionner ce couvercle dans
ın carton et le recouvrir de papier aluminium.

Posez un poids sur le couvercle afin de bien tasser le
oie gras et conservez au réfrigérateur.

e lendemain, retirez le couvercle en carton et le film
limentaire. Faites fondre la graisse restante, versez
ur le foie gras.

Placez au réfrigérateur pour figer la graisse puis
ecouvrez la terrine de film alimentaire et emballez-la
vec du papier aluminium.

idéal est de préparer votre foie gras 3 à 4 jours avant
e le déguster. Une fois entamé, le foie gras doit être
onsommé dans les 3 jours.

i vous souhaitez mettre des pommes sur le dessus,
pluchez et coupez 2 pommes en quartiers et faites-
es cuire 5 min au four à micro-ondes.

aissez refroidir et déposez sur le foie gras.

PAIN
aux flocons d'avoine

INGRÉDIENTS

10 g de sel
1 cuil. à soupe de sucre en poudre
250 g de farine semi-complète
100 g de farine de petit épeautre
50 g de flocons d'avoine
15 g de levure fraîche émiettée
ou 1 sachet de levure sèche
de boulangerie
2 cuil. à soupe de flocons d'avoine

USTENSILES

Robot
Moule à cake de 28 cm

Dans le bol de votre robot, mettez 250 g d'eau puis les ingrédients dans l'ordre de la liste

Pétrissez pendant 10 min.

Versez la pâte dans un moule à cake recouvert de papier de cuisson et couvrez d'un torchon humide.

Laissez lever 1 h.

Préchauffez le four à 180 °C.

Badigeonnez d'eau, saupoudrez de flocons d'avoine et mettez à cuire 40 min.

Démoulez le pain et laissez refroidir sur une grille.

POUR **1** PAIN

PRÉPARATION	CUISSON	REPOS
15 minutes	*40 minutes*	*1 heure*

MOUSSE DE FROMAGE FRAIS

et sucre aux épices

INGRÉDIENTS

Pour la mousse
6 petits-suisses
25 cl de crème liquide entière
1 sachet de sucre vanillé

Pour le sucre aux épices
100 g de sucre roux
100 g de vergeoise brune
2 cuil. à soupe de cannelle
1 cuil. à soupe de vanille en poudre
1 cuil. à soupe de mélange à pain d'épices
½ cuil. à café de muscade en poudre
½ cuil. à café de cardamome en poudre

Dans un récipient, mélangez les petits-suisses et le sachet de sucre vanillé pour assouplir le fromage frais.

Dans un bol, montez la crème liquide bien froide en chantilly.

Incorporez délicatement la chantilly au petit-suisse.

Dans un autre bol, mélangez les sucres et toutes les épices.

Réservez dans un bocal fermé.

Saupoudrez le fond des tasses ou des verres de sucre aux épices, ajoutez la mousse et réservez au réfrigérateur pour 2 h minimum.

Servez avec des sablés aux épices et des clémentines.

POUR 6 MOUSSES

PRÉPARATION
15 minutes

REPOS
2 heures

BRIOCHES SUÉDOISES

à la cardamome et cannelle

INGRÉDIENTS

Pour la pâte
25 cl de lait
1 sachet de levure sèche de boulangerie
500 g de farine
80 g de sucre
1 œuf
80 g de beurre mou
Une pincée de sel
1 cuil. à café de cardamome moulue

Pour la garniture
150 g de vergeoise brune ou cassonade
150 g de beurre mou
2 cuil. à café de cannelle moulue

Pour dorer
1 jaune d'œuf
1 cuil. à soupe de lait

USTENSILES

Robot
Moules à muffins

Dans le bol du robot, mettez le lait, la levure, le sucre, l'œuf et mélangez.

Ajoutez la farine, la pincée de sel et la cardamome, pétrissez pendant 5 min.

Mettez le beurre mou coupé en cubes et pétrissez de nouveau pendant 10 min à vitesse moyenne jusqu'à obtenir une pâte lisse et élastique.

Formez une boule et disposez-la dans un bol légèrement huilé.

Recouvrez d'un torchon propre et laissez lever la pâte pendant 1 h à température ambiante. Placez la pâte dans le réfrigérateur pendant 1 h.

Dans un bol, mélangez le beurre mou, la vergeoise, la cannelle et réservez.

Sur un plan de travail fariné, étalez la pâte en un rectangle de 40 x 50 cm. Étalez la garniture : cannelle, cassonade et beurre sur les ⅔ de la longueur de la pâte. Pliez la partie sans garniture vers le milieu puis rabattez l'autre extrémité de la pâte par-dessus comme un portefeuille, aplatissez-la légèrement et découpez 12 bandes dans la longueur.

Prenez une bande, faites 2 découpes en partant à 1 cm du bord afin d'avoir 3 brins et tressez-les. Roulez-la bande tressée sur elle-même puis posez-la dans une empreinte à muffins. Faites la même opération avec les 11 bandes restantes, si la pâte devient trop collante, placez-la quelques minutes dans le réfrigérateur.

Couvrez d'un torchon propre et laissez lever 30 min.

Préchauffez le four à 160 °C.

Dorez au jaune d'œuf mélangé avec du lait. Faites cuire pendant 15 min.

POUR **12** BRIOCHES

PRÉPARATION	CUISSON	REPOS
30 minutes	*15 minutes*	*2 heures 30*

GALETTE
des Rois

INGRÉDIENTS

Pour une galette de 25 x 25 cm

Pour 2 pâtes feuilletées

500 g de farine
400 g de beurre
8 g de sel
½ cuil. à café de vinaigre blanc

Pour la crème d'amande

2 œufs
100 g de sucre en poudre
65 g de beurre mou
65 g de poudre d'amande
Le zeste de 1 orange bio
1 sachet de sucre vanillé
40 g d'amandes entières
1 fève

USTENSILE

Robot muni d'une feuille

Pour réaliser la pâte feuilletée, commencer par dissoudre le sel dans 40 cl d'eau froide. Coupez le beurre en cubes et réservez-la au congélateur 30 min.

Dans le bol de votre robot muni de la feuille, disposez la farine et le beurre froid. Pétrissez quelques secondes jusqu'à obtenir un mélange sableux, il doit rester des morceaux de beurre.

Versez l'eau froide et le vinaigre blanc, pétrissez jusqu'à obtenir une boule de pâte, n'insistez pas trop sur le pétrissage.

Sur un plan de travail fariné, étalez la pâte en formant un rectangle de 60 cm de longueur sur 15 cm de largeur.

Pliez le tiers supérieur de la pâte vers l'intérieur puis recouvrez du tiers inférieur et tournez la pâte d'un quart vers la droite, c'est le 1er tour simple.

À l'aide d'un pinceau, enlevez l'excédent de farine à chaque pliage.

Renouveler l'opération trois fois afin de réaliser 4 tours simples.

Enveloppez votre pâte dans un film alimentaire et réservez au frais pendant 1 h.

La pâte feuilletée peut se réaliser la veille et se congèle très bien.

Dans un bol, travaillez le beurre en pommade. Ajoutez le sucre, le sucre vanillé, la poudre d'amande et mélangez. Ajoutez les œufs un à un, mélangez.

Ajoutez les amandes que vous aurez concassées, le zeste de 1 orange, mélangez et réservez au frais.

Sur un plan de travail fariné, divisez la pâte en deux parts égales. Abaisser une première pâte à 5 mm d'épaisseur et détaillez un carré de 25 x 25 cm que vous déposerez sur une plaque de cuisson recouverte de papier sulfurisé. →

POUR 1 GALETTE

PRÉPARATION	CUISSON	REPOS
40 minutes	*50 minutes*	*1 heure 30*

→ Étalez votre crème d'amande en veillant à laisser 2 cm de bord tout autour. Placez la fève dans la crème d'amande et humidifiez les bords avec de l'eau à l'aide d'un pinceau.

Recouvrez de la seconde pâte, abaissez à 5 mm d'épaisseur en un carré de 26 x 26 cm. Appuyez bien sur les bords afin de bien souder les deux pâtes.

Ne formez pas de boule avec les chutes de pâtes, pose-les les unes sur les autres et étalez de nouveau.

Détaillez une couronne et des étoiles avec le reste de pâte ou laissez cours à votre inspiration.

Venez humidifier avec de l'eau, le dessous de la couronne et des étoiles et déposez votre création sur la galette. Appuyez bien pour souder les pâtes entre elles.

Chiquetez le tour de la galette à l'aide d'un couteau et piquez de 4 petits coups de couteau afin de laisser s'échapper l'air à la cuisson.

Badigeonnez d'un œuf battu mélangé avec 1 cuil. à café d'eau froide pour faire dorer.

Réservez au réfrigérateur au moins 30 min.

Préchauffez le four à 180 °C.

Dorez de nouveau la galette et mettez à cuire pendant 45 à 50 min.

SABLÉS

aux épices

INGRÉDIENTS

250 g de beurre mou
175 g de sucre muscovado ou vergeoise
75 g de miel de sapin
2 œufs
500 g de farine
1 cuil. à café de bicarbonate de soude
2 cuil. à café de cannelle
1 cuil. à café de gingembre
½ cuil. à café de clou de girofle moulu
½ cuil. à café de muscade
Une pincée de sel

USTENSILES

Robot
Emporte-pièce

Dans le bol du robot, commencez à battre le beurre mou avec le sucre et le miel.

Ajoutez les œufs et mélangez.

Incorporez la farine, le bicarbonate, le sel et les épices.

Mélangez jusqu'à obtenir une pâte lisse.

Formez une boule et enveloppez-la dans du film alimentaire.

Réservez au réfrigérateur pour 2 h.

Préchauffez le four à 180 °C.

Sur un plan de travail fariné, étalez la pâte sur une épaisseur de 5 mm et découpez les formes à l'aide d'un emporte-pièce. N'hésitez pas à remettre la pâte au réfrigérateur dès qu'elle est trop molle.

Déposez les sablés sur une plaque de cuisson recouverte de papier sulfurisé.

Mettez à cuire entre 8 à 10 min.

À la sortie du four, laissez refroidir.

Conservez vos sablés dans une boîte en fer.

POUR 30 SABLÉS

PRÉPARATION	CUISSON	REPOS
15 minutes	*10 minutes*	*2 heures*

CARROT
cake

INGRÉDIENTS

Pour le cake
2 œufs
130 g de vergeoise brune
130 g d'huile végétale
40 g de beurre
150 g de farine
50 g de fécule de maïs
½ sachet de levure chimique
1 cuil. à café de bicarbonate de soude
1 cuil. à café de poudre à pain d'épices
1 cuil. à café de cannelle en poudre
215 g de carottes râpées
Le zeste de 1 orange
Une pincée de sel

Pour le glaçage
100 g de beurre mou
125 g de sucre glace
300 g de fromage frais ou à tartiner
Le zeste de 1 orange
1 gousse de vanille

USTENSILES

Robot
Moule à manqué de 18 cm

Pour réaliser le carrot cake, commencez par préchauffer le four à 170 °C.

Mettez à fondre le beurre au four à micro-ondes, laissez refroidir et réservez.

Dans le bol du robot, fouettez les œufs, la vergeoise et mélangez jusqu'à obtenir une mousse bien épaisse. Incorporez l'huile en filet puis le beurre fondu.

Ajoutez la farine, la fécule de maïs, le bicarbonate de soude, la levure chimique et mélangez.

Ajoutez la cannelle, la poudre à pain d'épices, la pincée de sel, les carottes râpées et le zeste de l'orange, mélangez. Divisez cette préparation en trois parts égales.

Versez la première préparation dans un moule à manqué beurré et fariné.

Mettez à cuire pour 25 à 30 min.

Vérifiez la cuisson à l'aide de la pointe d'un couteau.

Démoulez le gâteau, laissez reposer sur une grille et enveloppez-le dans du film alimentaire.

Faites cuire les deux autres préparations en suivant les mêmes consignes.

Pour réaliser le glaçage, fouettez le beurre mou avec le sucre glace. Ajoutez le fromage, le zeste d'une orange et les grains de vanille.

Mettez le premier gâteau sur un papier sulfurisé, recouvrez bien uniformément de ⅓ de crème. Répétez l'opération avec les deux gâteaux restants que vous superposez ensuite les uns au-dessus des autres.

Lissez bien le tour du gâteau et le dessus à l'aide d'une spatule coudée.

Réservez au réfrigérateur pendant toute une nuit. Au moment de le servir, posez le gâteau sur un plat de service et décorez-le avec des biscuits aux épices.

POUR **8** PERSONNES

PRÉPARATION	CUISSON	REPOS
40 minutes	*30 minutes*	*12 heures*

CHOCOLAT CHAUD ET GUIMAUVES

à la fleur d'oranger

INGRÉDIENTS

Pour les guimauves
7 feuilles de gélatine
250 g de sucre glace
3 blancs d'œufs
Arôme de fleur d'oranger
30 g de fécule de maïs

Pour le chocolat chaud
350 g de lait entier
150 g de crème liquide entière
100 g de chocolat noir
25 g de sucre
1 sachet de sucre vanillé
Une pincée de cannelle
30 g de sucre glace

USTENSILES

Batteur
Thermomètre de cuisson
Emporte-pièce

Pour réaliser les guimauves, mélangez le sucre glace et la fécule de maïs puis réservez.

Recouvrez d'une feuille de papier de cuisson une plaque à pâtisserie et la saupoudrez-la du mélange sucre glace, fécule de maïs. Réservez.

Faites tremper les feuilles de gélatine dans un bol d'eau froide.

Dans une casserole, versez le sucre dans 60 g d'eau.

Faites chauffer sur feu moyen.

Lorsque le sirop atteint 110 °C, commencez à monter les blancs en neige.

Quand le sirop atteint 121 °C, soit environ 5 min après le début de l'ébullition si vous n'avez pas de thermomètre, versez le sirop en filet sur les blancs tout en continuant de fouetter.

Dans la casserole encore chaude, laissez fondre la gélatine essorée avec la fleur d'oranger puis versez sur les blancs et laissez tourner le batteur jusqu'à ce que la guimauve soit tiède.

Versez la guimauve sur la plaque à pâtisserie de manière à obtenir une couche de 1,5 cm et lissez à l'aide d'une spatule.

Saupoudrez à nouveau du mélange sucre glace et de fécule de maïs et laissez reposer toute la nuit.

Découpez des formes à l'aide d'un emporte-pièce ou découpez des cubes à l'aide d'un couteau. N'hésitez pas à rajouter du mélange sucre glace, fécule de maïs pour que les guimauves ne collent pas.

Conservez vos guimauves dans une boîte hermétique.

Pour réaliser le chocolat chaud, versez dans une casserole tous les ingrédients et faites chauffer à feu doux.

Fouettez de temps en temps afin de bien lisser le mélange et laissez cuire pendant 10 min ; le chocolat va épaissir.

POUR 4 TASSES

PRÉPARATION	CUISSON	REPOS
30 minutes	*10 minutes*	*12 heures*

BRIOCHE

aux épices de Noël

INGRÉDIENTS

500 g de farine
200 g de lait
2 œufs
200 g de beurre
100 g de sucre roux
50 g de sucre en poudre
1 cuil. à café d'épices à pain d'épices
2 sachets de sucre vanillé
1 sachet de levure de boulangerie
ou 20 g de levure fraîche
Le zeste de 1 orange non traitée
1 jaune d'œuf pour la dorure
Sucre en grains
Une pincée de sel

USTENSILES

Robot
2 moules à cake de 24 cm

Afin que votre beurre soit de bonne consistance pour la suite, coupez-en 100 g en cubes et laissez-le à température ambiante.

Délayez la levure dans le lait tiède, mais pas chaud et laissez gonfler 15 min. S'il n'y a pas de résultat, recommencez l'opération.

Dans le bol du robot, mettez la farine, le sucre en poudre, le sel et mélangez.

Ajoutez les œufs un à un, puis le mélange levure et lait et laissez pétrir 10 min.

Ajoutez le beurre coupé en morceaux et continuez de pétrir pendant 5 min. Couvrez d'un torchon et laissez lever 1 h, puis placez la préparation au réfrigérateur pendant encore 1 h.

Sur un plan de travail fariné, étalez la pâte en un rectangle de 50 x 40 cm.

Faites fondre les 100 g de beurre restant et étalez-le sur toute la surface du rectangle, puis saupoudrez de sucre roux, d'épices à pain d'épices, de sucre vanillé et du zeste de l'orange.

Roulez dans la longueur et coupez le boudin en 8 tronçons de même largeur que vous déposerez dans les deux moules à cake, soit 4 tronçons dans chaque moule. Couvrez d'un torchon et laissez lever 1 h.

Préchauffez le four à 160 °C.

Dorez les brioches au jaune d'œuf, saupoudrez de sucre en grains puis enfournez pour 30 min.

À mi-cuisson, couvrez d'une feuille de papier aluminium afin que les brioches ne colorent pas trop.

À la sortie du four, démoulez les brioches et laissez refroidir 30 min avant de les servir.

POUR
2
BRIOCHES

PRÉPARATION	CUISSON	REPOS
30 minutes	*30 minutes*	*3 heures*

BÛCHE AUX PISTACHES

et framboises

INGRÉDIENTS

3 œufs
150 g de sucre
90 g de farine
½ sachet de levure chimique
500 g de mascarpone
75 g de sucre glace
Vanille en poudre
50 g de pistaches
250 g de framboises

USTENSILE

Batteur

Commencez par préchauffer le four à 210 °C.

Séparez les jaunes d'œufs des blancs.

Battez au fouet les jaunes et 100 g de sucre, jusqu'à ce que le mélange blanchisse.

Montez les blancs en neige, en incorporant 50 g de sucre en trois fois.

Ils ne doivent pas être trop fermes.

Incorporez ⅓ des blancs dans le mélange des jaunes d'œuf et du sucre, puis mélangez.

Ajoutez les ⅔ restant en mélangeant délicatement à la spatule.

Ajoutez la farine tamisée et la levure, mélangez.

Versez la pâte sur une plaque de cuisson recouverte de papier sulfurisé, puis étalez avec une spatule et répartissez 25 g de pistaches concassées.

Faites cuire 10 à 12 min.

Retournez le biscuit sur un torchon humide, roulez-le sur lui-même et réservez.

Fouettez le mascarpone, le sucre glace et la vanille en poudre.

Déroulez le biscuit, étalez le mascarpone, répartissez les framboises, gardez-en une dizaine pour la décoration de la bûche, et 25 g de pistaches concassées. Roulez délicatement en serrant bien.

Enveloppez la bûche dans du film alimentaire et réservez au frais pour au moins 3 h.

Saupoudrez de sucre glace pour servir, décorez avec des framboises et des meringues.

POUR 8 PERSONNES

PRÉPARATION	CUISSON	REPOS
40 minutes	*12 minutes*	*3 heures*

FUDJE AU CHOCOLAT

amandes, noisettes et pistaches

INGRÉDIENTS

390 g de concentré de lait sucré
300 g de chocolat noir
150 g de chocolat praliné
30 g de beurre
125 g d'amandes émondées
50 g de noisettes émondées
50 g de pistaches émondées
Fleur de sel

USTENSILE

Moule carré de 20 x 20 cm

Tapissez votre moule de film alimentaire ou de papier sulfurisé.

Préchauffez le four à 150 °C.

Mettez les noisettes, les amandes et les pistaches sur une plaque de cuisson et faites-les torréfier 10 min.

Laissez refroidir.

Coupez les 2 chocolats en petits morceaux et réservez.

Au bain-marie, faites chauffer le lait concentré sucré et le beurre.

Incorporez le chocolat en cinq fois dans le lait concentré sucré toujours placé sur le bain-marie et mélangez régulièrement la préparation à l'aide d'une spatule afin de bien faire fondre le chocolat.

Une fois la préparation bien lisse, incorporez le mélange de fruits secs et la fleur de sel, mélangez.

Versez la pâte à fudge dans le moule et lissez.

Réservez au réfrigérateur pendant au moins 4 h.

Sortez le plat et découpez le fudge en cubes.

POUR 20 FUDJES

PRÉPARATION
20 minutes

CUISSON
25 minutes

REPOS
4 heures

GÂTEAU AUX CLÉMENTINES

et cardamome

INGRÉDIENTS

2 clémentines bio
125 g de sucre roux
1 cuil. à soupe de sucre roux
150 g de beurre
4 œufs
200 g de farine
50 g de poudre d'amande
1 sachet de levure chimique
1 cuil. à café de cardamome
1 sachet de sucre vanillé
Sucre glace
Une pincée de sel

USTENSILES

Robot
Moule à manqué de 24 cm
Pour un moule en forme de sapin : doublez les quantités
Brochette en bois

Préchauffez tout d'abord le four à 180 °C.

Lavez, zestez les clémentines et réservez les zestes.

Pressez les clémentines et réservez le jus.

Dans le bol du robot, mélangez le beurre mou, les 125 g de sucre, le sucre vanillé, la poudre d'amandes et les zestes.

Ajoutez les œufs un à un tout en mélangeant.

Ajoutez la farine, la levure chimique, le sel, la cardamome et mélangez.

Beurrez un moule et versez la préparation.

Faites cuire 40 à 50 min, vérifiez la cuisson.

Mettez à chauffer le jus de clémentine avec 1 cuil. à soupe de sucre.

Dès la sortie du four, piquez le gâteau encore dans son moule à l'aide d'une brochette en bois et arrosez-le du jus chaud sur toute sa surface.

Laissez refroidir 5 min et démoulez sur une grille.

Enveloppez le gâteau dans du film alimentaire pour qu'il conserve son moelleux.

Au moment de servir, saupoudrez de sucre glace.

POUR 8 PERSONNES

PRÉPARATION
20 minutes

CUISSON
50 minutes

MANNELE
de la Saint-Nicolas

INGRÉDIENTS

15 cl de lait
à température ambiante
2 œufs
10 g de sel
80 g de sucre en poudre
500 g de farine
25 g de levure fraîche ou 2 sachets de levure de boulangerie
125 g de beurre mou coupé en cubes
2 jaunes d'œuf pour la dorure
Une poignée de pépites de chocolat

USTENSILES

Robot muni d'un crochet à pétrin
Emporte-pièce en forme de bonhomme

Dans le bol de votre robot muni du crochet à pétrin, mettez le lait, les œufs, le sel, le sucre et mélangez.

Ajoutez la farine, la levure fraîche émiettée et pétrissez pendant 10 min.

Ajoutez le beurre mou et pétrissez à nouveau pendant 5 min, jusqu'à obtenir une pâte élastique.

Mettez la pâte dans un bol fariné et recouvrez de film alimentaire.

Laissez lever 1 h dans une pièce chaude.

Réservez la pâte au réfrigérateur pour 2 h minimum. Vous pouvez la réserver au réfrigérateur toute une nuit pour une utilisation le lendemain.

Sur un plan de travail fariné, étalez votre pâte sur 1 cm d'épaisseur et découpez des bonhommes à l'aide de l'emporte-pièce.

Si vous n'avez pas d'emporte-pièce : façonnez un boudin de 50 g, coupez les jambes et les bras à l'aide d'une paire de ciseaux et modelez la tête.

Déposez les bonhommes sur une plaque de cuisson recouverte de papier sulfurisé, recouvrez d'un torchon humide et laissez lever 30 min.

Préchauffez le four à 160 °C.

Dorez avec 1 jaune d'œuf et mettez 2 pépites de chocolat pour faire les yeux et 3 pour faire les boutons de la veste. Enfournez pour 15 min.

Laissez refroidir les mannele sur une grille avant de les déguster.

POUR 12 MANNELE

PRÉPARATION	CUISSON	REPOS
30 minutes	*15 minutes*	*3 heures 30*

PAIN
d'épices

INGRÉDIENTS

175 ml de lait entier
300 g de miel de châtaignier ou de sapin
200 g de farine de seigle
50 g de farine
50 g de vergeoise brune ou cassonade
10 g d'huile d'olive
2 cuil. à café de bicarbonate de soude
10 cl de jus d'orange
Le zeste de 1 orange
2 cuil. à café d'épices à pain d'épices
Une pincée de sel

USTENSILES

Robot
Moule à cake de 28 cm

Commencez par préchauffer le four à 150 °C.

Dans une casserole, faites chauffer le lait, le miel, les épices à pain d'épices, juste pour faire fondre le miel.

Retirez du feu et laissez tiédir.

Dans le bol du robot, mélangez la farine de seigle, la farine, le sel, la vergeoise, le bicarbonate de soude. Ajoutez le mélange lait et miel, le jus d'orange, les zestes, l'huile d'olive et mélangez.

Versez la pâte dans un moule à cake et faites cuire 1 h.

Vérifiez la cuisson avec la pointe d'un couteau.

À la sortie du four, démoulez le pain d'épice et enveloppez-le dans un film alimentaire pour qu'il garde tout son moelleux et son humidité.

POUR 8 PERSONNES

PRÉPARATION
15 minutes

CUISSON
1 heure

SABLÉS
de Noël

INGRÉDIENTS

150 g de beurre mou
90 g de sucre glace
40 g de poudre d'amande
250 g de farine
1 sachet de sucre vanillé
1 œuf
Une pincée de sel

USTENSILE

Emporte-pièce

Dans un saladier, mélangez le beurre mou, le sucre glace, le sucre vanillé, le sel et la poudre d'amande. Ajoutez l'œuf et la farine et mélangez jusqu'à obtenir une pâte lisse.

Formez une boule, couvrez-la de film alimentaire et la placez au froid pendant 1 h.

Préchauffez le four à 160 °C.

Sur un plan de travail fariné, étalez la pâte sur une épaisseur de 5 mm et découpez des biscuits à l'aide d'un emporte-pièce. Déposez-les sur une plaque de cuisson recouverte de papier sulfurisé.

Avec les chutes, reformez une boule et recommencez l'opération.

N'hésitez pas à remettre votre pâte au réfrigérateur dès qu'elle est trop molle.

Faites cuire les sablés 10 à 15 min.

Une fois que les biscuits sont refroidis, conservez-les dans une boîte hermétique ou une boîte en acier.

Vous pouvez changer le parfum des sablés en ajoutant au choix, des zestes d'orange, des zestes de citron, du cacao en poudre, de la cannelle, etc.

POUR 30 SABLÉS

PRÉPARATION	CUISSON	REPOS
15 minutes	*15 minutes*	*1 heure*

VANILLE
Kipferl

INGRÉDIENTS

70 g de sucre glace
200 g de beurre doux
2 jaunes d'œufs
200 g de farine
1 cuil. à soupe de lait froid
50 g de poudre d'amande
50 g de poudre de noisette
2 cuil. à café d'extrait de vanille
1 sachet de sucre vanillé
Une pincée de sel
100 g de sucre glace
1 cuil. à café de vanille en poudre

USTENSILE

Robot

La pâte des biscuits est à réaliser la veille.

Dans le bol du robot, mettez la farine, le beurre coupé en cubes et mélangez afin d'obtenir un mélange sableux. Ajoutez le sucre glace, la poudre de noisette, la poudre d'amande, le sachet de sucre vanillé, les jaunes d'œufs, le lait, la pincée de sel et mélangez jusqu'à obtenir une pâte homogène.

Si la pâte a du mal à s'agglomérer, ajoutez 1 à 2 cuil. à café d'eau.

Formez une boule, enveloppez-la dans un film alimentaire et réservez au réfrigérateur toute une nuit.

Le lendemain, préchauffez le four à 160 °C.

Étalez la pâte sur un plan de travail fariné. À l'aide d'un cercle ou d'un verre, coupez une lune et roulez-la entre vos mains pour lui donner la forme d'un croissant. Déposez les lunes sur une plaque de cuisson recouverte de papier sulfurisé. Si la pâte est trop molle, remettez-la 1 h au réfrigérateur.

Mettez à cuire 12 à 15 min, ne les laissez pas trop dorer.

Dans un bol, mélangez le sucre glace et la vanille.

À la sortie du four, saupoudrez les biscuits du mélange sucre glace et vanille.

Conservez les biscuits dans une boîte en acier.

POUR 40 BISCUITS

PRÉPARATION
30 minutes

CUISSON
15 minutes

REPOS
12 heures

INDEX

Printemps
Été
Automne
Hiver

Abricot
- Tarte tropézienne aux abricots et à la lavande
- Panna cotta à la verveine et compotée d'abricots

Amande
- Galette des Rois
- Fudje au chocolat, amandes, noisettes et pistaches

Aubergine
- Petite ratatouille froide et son crumble au parmesan

Avocat
- Guacamole et salade mexicaine

Bacon
- Salade d'automne

Bière
- Bœuf à la bière et au pain d'épices

Bœuf
- Boulettes de viande
- Bœuf à la bière et au pain d'épices

Butternut
- Chicken pie au butternut
- Salade d'automne

Cacahuètes
- Cookies aux cacahuètes et chocolat noir

Canard
- Parmentier d'automne

Carotte
- Tartelettes de carottes à l'orientale
- Soupe de potimarron et chantilly au chèvre frais
- Bœuf à la bière et au pain d'épices
- Carrot cake

Chair à saucisse
- Petits pâtés de Pâques

Champignon
- Chicken pie au butternut

Chocolat
- Macarons
- Cake marbré façon rocher
- Gâteau d'Halloween
- Biscuits granola au chocolat
- Cookies aux cacahuètes et chocolat noir
- Chocolat chaud et guimauves à la fleur d'oranger
- Fudje au chocolat, amandes, noisettes et pistaches

Chou-fleur
- Panna cotta au chou-fleur et au saumon

Citron
- Tarte au citron meringuée
- Tarte façon mojito

Clémentine
- Gâteau aux clémentines et cardamome

Courgette
- Petite ratatouille froide et son crumble au parmesan
- Soupe froide de courgette et menthe
- Caviar de courgettes et sablé au parmesan et romarin

Feta
- Bricks de feta et menthe fraîche

Feuille de brick
- Bricks de feta et menthe fraîche

Figue
- Tarte fiadone aux figues

Flocon d'avoine
- Muffins au muesli et aux myrtilles
- Pain aux flocons d'avoine

Foie gras
- Terrine de foie gras aux pommes et épices de Noël

Fraise
- Compotée de rhubarbe fraises et fromage blanc
- Fraisier
- Gelée de fraise à la menthe et chantilly au mascarpone
- Panna cotta à la fraise
- Pavlova aux fraises
- Riz au lait à la verveine et compotée de fraises
- Roulé à la confiture de fraises maison
- Soupe de fraise
- Sorbet fraise basilic
- Tarte couronne aux fruits d'été
- Gaspacho tomate fraise et mozzarella di bufala

Framboise
- Charlotte aux framboises
- Financiers à la framboise
- Sablés Linzer à la framboise
- Tarte couronne aux fruits d'été
- Bûche aux pistaches et framboises

Fromage blanc
- Compotée de rhubarbe fraises et fromage blanc
- Gravlax de saumon à l'aneth
- Mousse de fromage frais et sucre aux épices

Fromage frais
- Flan de petits pois au chèvre frais et menthe fraîche
- Petite ratatouille froide et son crumble au parmesan
- Terrine aux poivrons confits et fromage frais aux herbes
- Soupe froide de courgette et menthe
- Crumble de tomates au chèvre frais
- Soupe de potimarron et chantilly au chèvre frais
- Carrot cake

Gruyère
- Bricks de feta et menthe fraîche

Lait Ribot
- *Scones*
- *Muffins au muesli et aux myrtilles*

Lapin
- *Rillettes de lapin*

Mascarpone
- *Gelée de fraise à la menthe et chantilly au mascarpone*
- *Pavlova aux fraises*
- *Tarte couronne aux fruits d'été*
- *Tarte au potiron*
- *Gâteau d'Halloween*
- *Bûche aux pistaches et framboises*

Miel
- *Sablés aux épices*
- *Pain d'épices*

Mozzarella
- *Panna cotta à la mozzarella et au basilic*
- *Tarte aux tomates crues*
- *Gaspacho tomate fraise et mozzarella di bufala*

Myrtille
- *Muffins au muesli et aux myrtilles*

Noisette
- *Parmentier d'automne*
- *Soupe de potimarron et chantilly au chèvre frais*
- *Fudje au chocolat, amandes, noisettes et pistaches*

Noix de pécan
- *Tarte au potiron*
- *Salade d'automne*

Oignon
- *Pissaladière à ma façon*

Olive
- *Fougasse aux olives*
- *Pissaladière à ma façon*

Pâte à pizza
- *Pissaladière à ma façon*

Pêche
- *Tarte couronne aux fruits d'été*

Pesto
- *Tarte aux tomates crues*

Petits pois
- *Flan de petits pois au chèvre frais et menthe fraîche*

Pistache
- *Bûche aux pistaches et framboises*
- *Fudje au chocolat, amandes, noisettes et pistaches*

Poire
- *Tarte bourdaloue*

Pois chiches
- *Houmous et gressins au zeste de citron*

Poivron
- *Terrine aux poivrons confits et fromage frais aux herbes*

Pomme
- *Gâteau aux pommes et beurre salé*
- *Sablés aux pommes*
- *Muffins au muesli et aux myrtilles*
- *Terrine de foie gras aux pommes et épices de Noël*

Pomme de terre
- *Gnocchis de potimarron au parmesan et à la sauge*

Potimarron
- *Parmentier d'automne*
- *Petits pains briochés citrouille*
- *Soupe de potimarron et chantilly au chèvre frais*
- *Tarte au potiron*
- *Gnocchis de potimarron au parmesan et à la sauge*

Poulet
- *Guacamole et salade mexicaine*
- *Chicken pie au butternut*

Pralin
- *Cake marbré façon rocher*

Rhubarbe
- *Compotée de rhubarbe fraises et fromage blanc*

Riz
- *Riz au lait à la verveine et compotée de fraises*

Saumon
- *Gravlax de saumon à l'aneth*
- *Panna cotta au chou-fleur et au saumon*
- *Rillettes aux deux saumons*

Tomate
- *Petite ratatouille froide et son crumble au parmesan*
- *Panna cotta à la mozzarella et au basilic*
- *Tarte aux tomates crues*
- *Crumble de tomates au chèvre frais*
- *Focaccia aux tomates cerises et romarin*
- *Gaspacho tomate fraise et mozzarella di bufala*

Vanille
- *Vanille Kipferl*

Veau
- *Petits pâtés de Pâques*

Yaourt
- *Soupe froide de courgette et menthe*
- *Boulettes de viande*
- *Gâteau aux pommes et beurre salé*
- *Muffins au muesli et aux myrtilles*

© mercileslivres, Sodi-Art Éditions, 2022.
5, rue Saint-Germain-l'Auxerrois 75001 Paris

Direction de publication : Didier Ballot
Directrice éditoriale : Marie Roussos
Éditrice : Zoé Legrand
Création graphique et mise en pages : Charlotte Payant
Relecture et correction : Claire Savouré
Couverture : © Charlotte Payant / © Karin Baissac
Crédits iconographiques : © Karin Baissac
Suivi de fabrication : MPaper

Toute représentation ou reproduction intégrale ou partielle faite par quelque procédé que ce soit, sans le consentement de l'auteur ou de ses ayants cause, est illicite et constitue une contrefaçon sanctionnée par les articles L. 335-2 et suivants du Code de la propriété intellectuelle.

ISBN : 978-2-38355-224-6
Dépôt légal : novembre 2022
Imprimé par MPaper en Chine